ISABELLA STOLLWERK

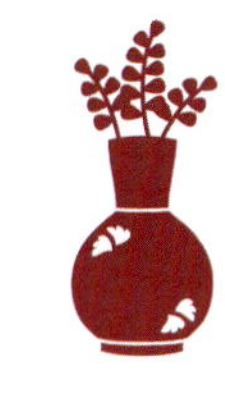

WELCOME HOME watercolor

20 HYGGELIGE MOTIVE
SCHRITT FÜR SCHRITT MALEN

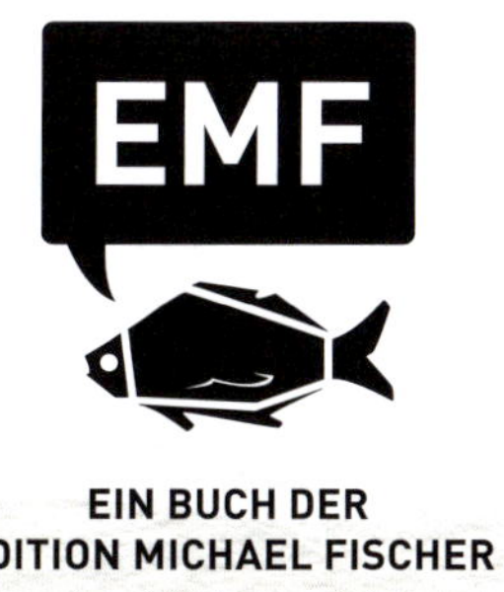

EIN BUCH DER
EDITION MICHAEL FISCHER

Inhalt

Grundlagen

Projekte

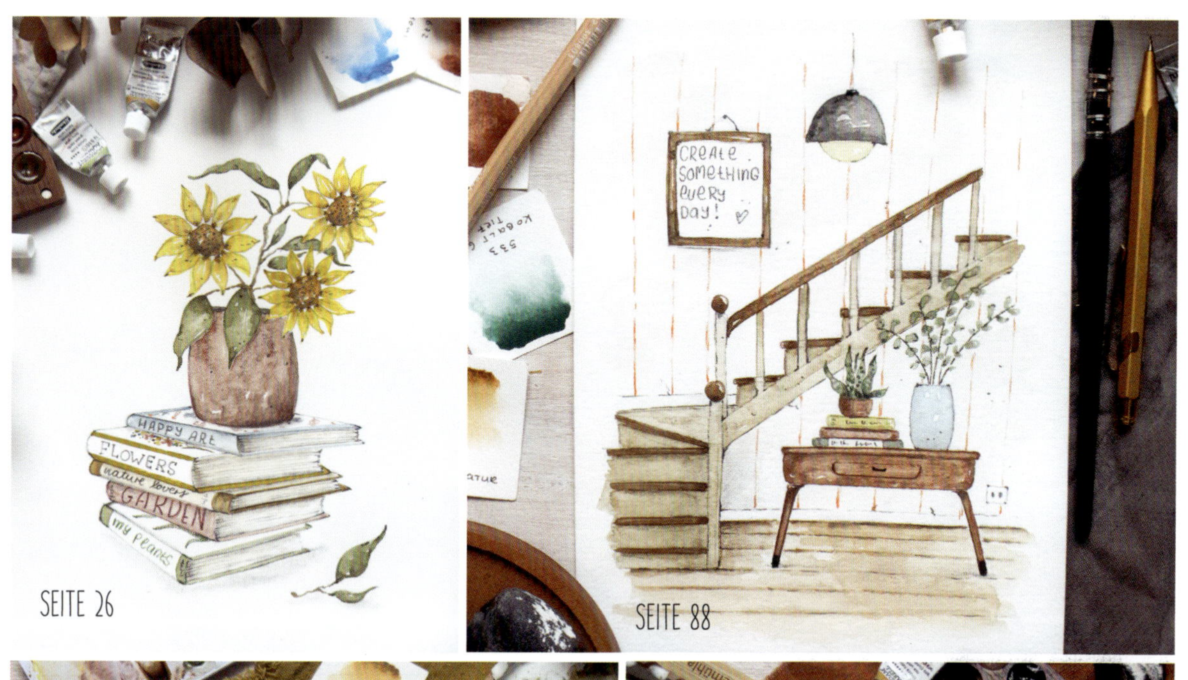

SEITE 26

SEITE 88

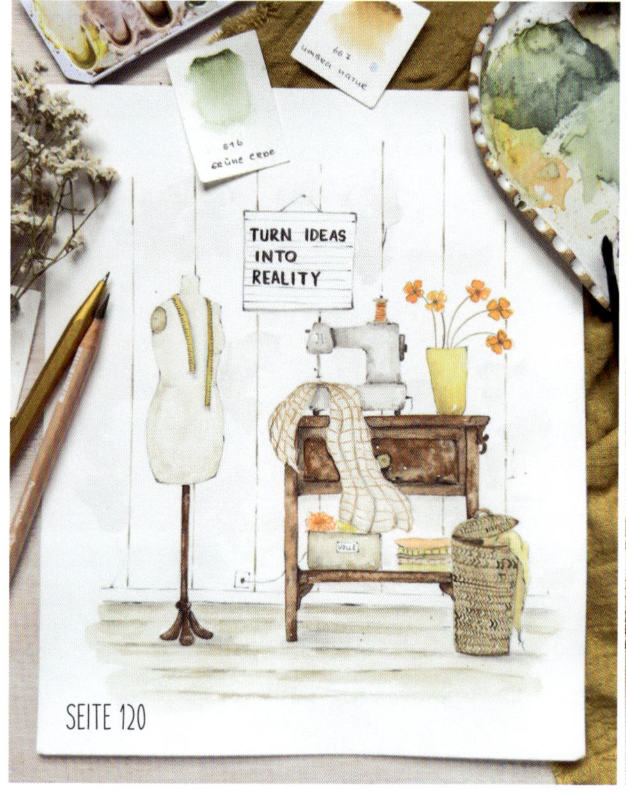

SEITE 120

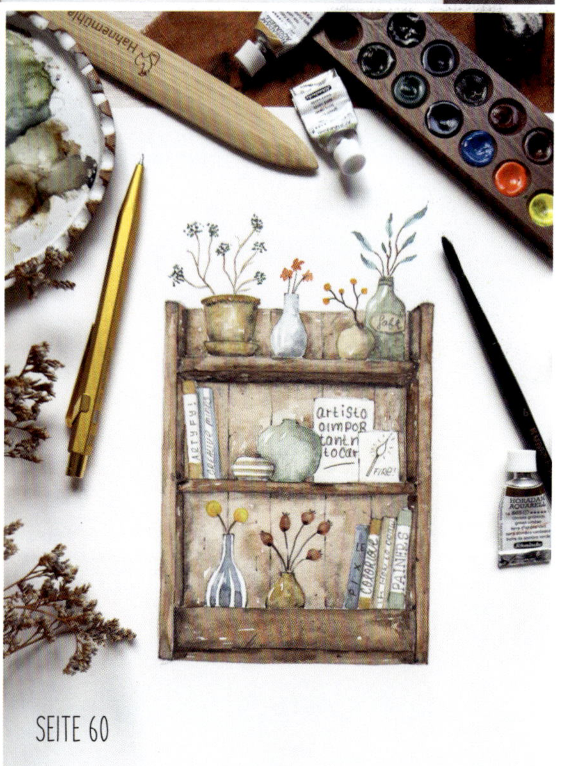

SEITE 60

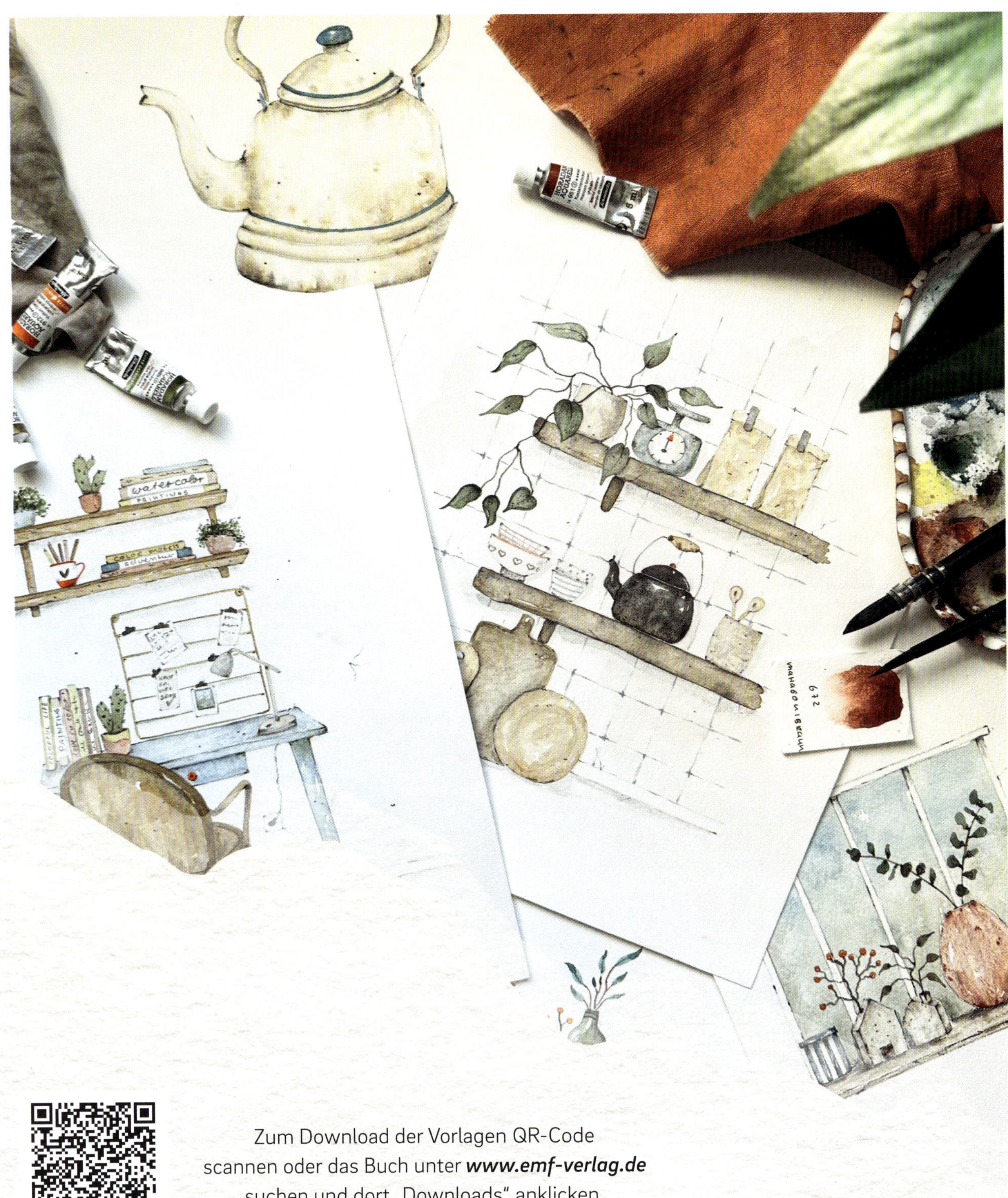

Zum Download der Vorlagen QR-Code scannen oder das Buch unter ***www.emf-verlag.de*** suchen und dort „Downloads" anklicken.

Vorwort

Hallo und herzlich willkommen zu meinem zweiten Buch!

Ich bin so unglaublich froh über die Tatsache, dass du es in den Händen hältst und ich dir ein bisschen was über Watercolor und meine Herangehensweisen erzählen kann.

Was erwartet dich?

Auf den ersten Seiten gibt es erst mal ein wenig Theorie, damit du, falls du noch Anfänger*in sein solltest, auch Spaß mit diesem Buch hast. Wenn du schon etwas fortgeschritten bist, keine Angst, auch dir wird auf den Theorieseiten bestimmt nicht langweilig!

Danach geht es dann auch schon direkt an die Projekte! Ich habe dir 20 verschiedene Schritt-für-Schritt-Anleitungen zusammengestellt. Von der kuscheligen Leseecke bis zum alten Ofen.

Ich werde dich in manchen Bildern dazu animieren, deine eigene Kreativität mit einfließen zu lassen, und dir dabei helfen, zu deinem eigenen Stil zu finden.

Hinter dem QR-Code findest du eine Vorlage zu jedem Bild und noch ein bisschen mehr.

Wenn du mehr über mich wissen oder vielleicht mal an einem Livestream teilnehmen möchtest, dann schaue doch mal auf meinem Instagram-Profil @_paperieur_ oder meiner Membership måla&rita vorbei.

Viel Spaß beim Malen!

DEINE ISABELLA

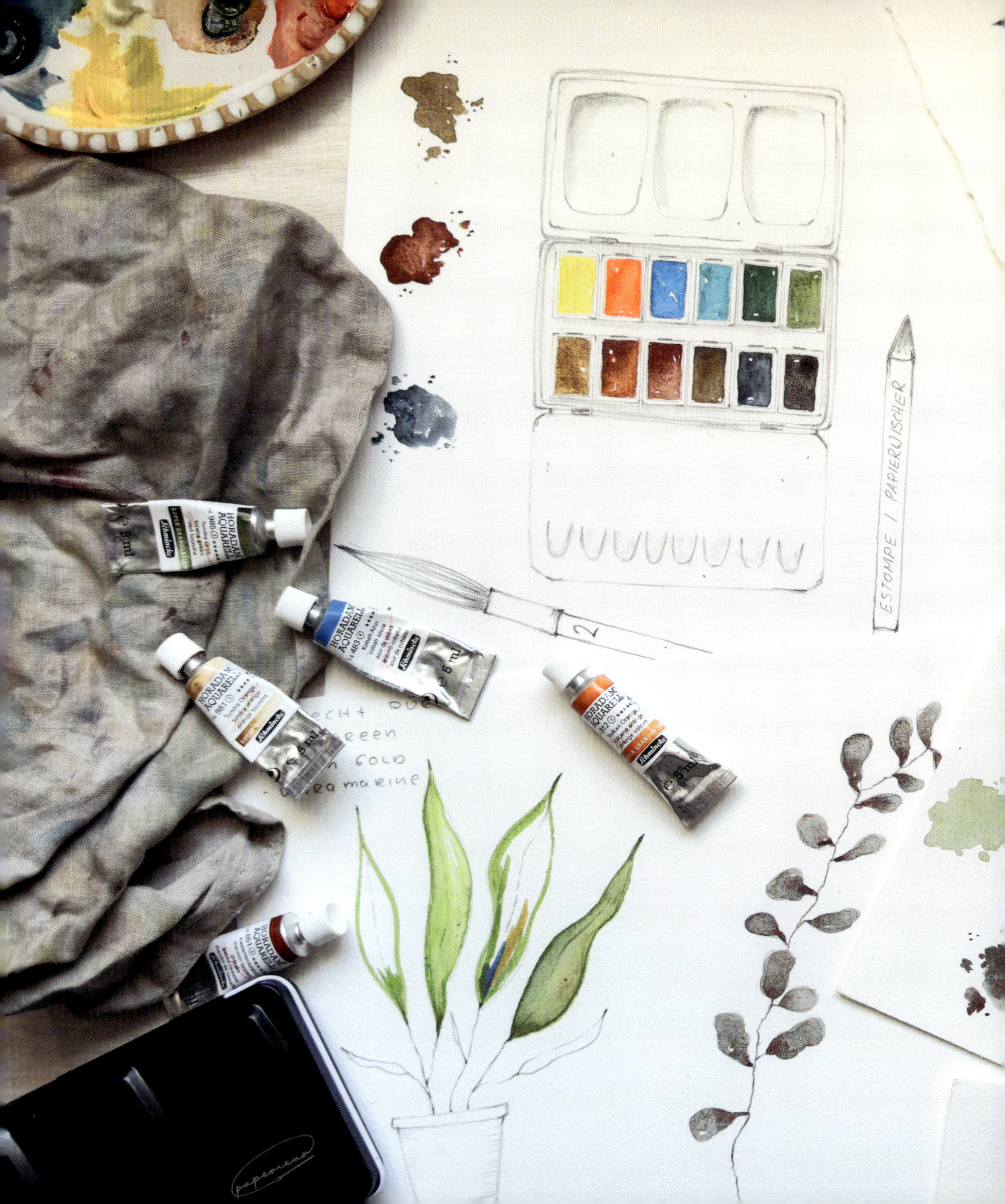
ESTOMPE | PAPIERWISCHER
HORADAM AQUARELL
Schmincke

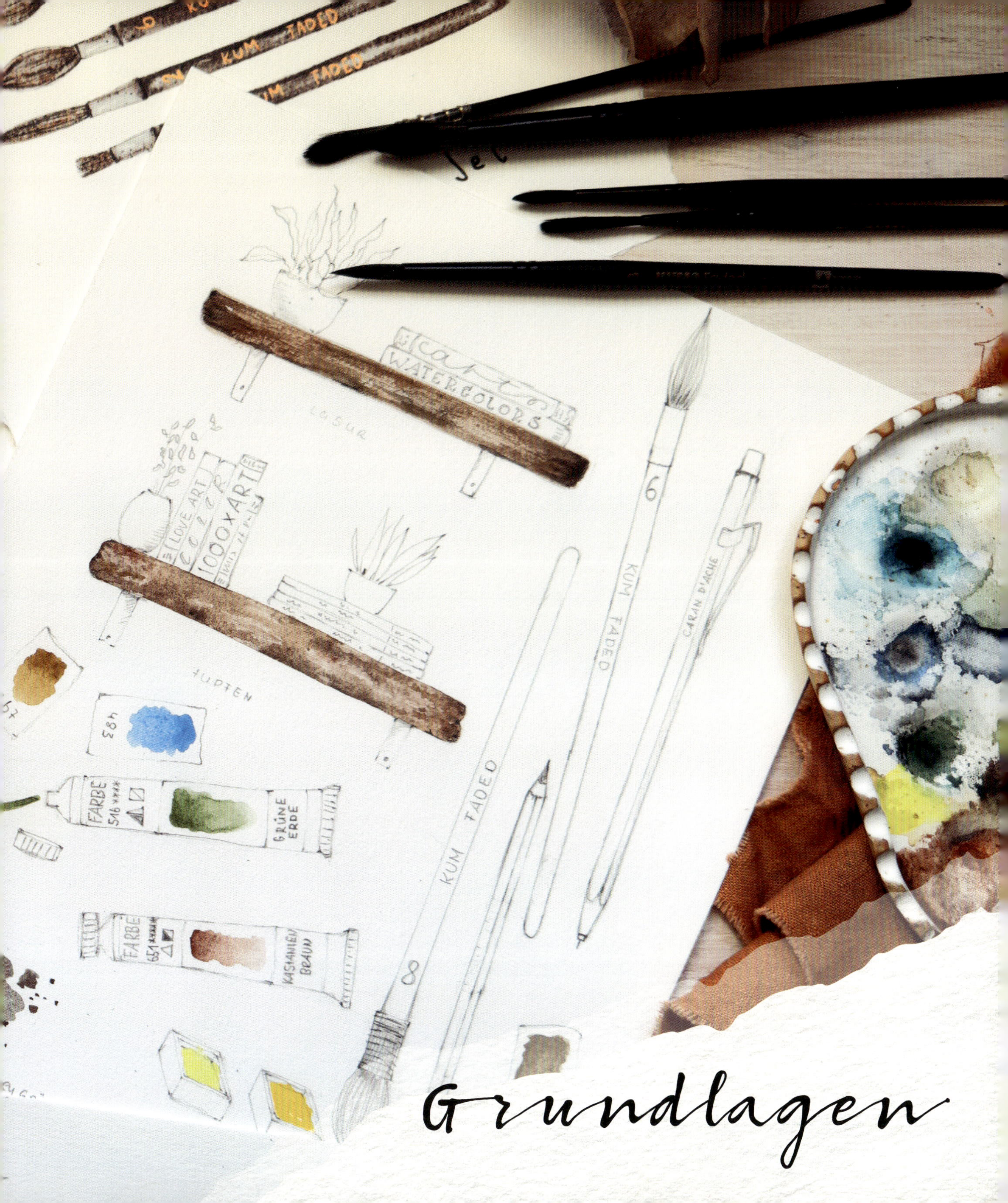
KUM FADED
WATERCOLORS
LASUR
I LOVE ART
1000 x ART
6
KUM FADED
CARAN D'ACHE
TUPFEN
483
FARBE
516
GRÜNE ERDE
KUM FADED
FARBE
651
KASTANIEN BRAUN
8

Grundlagen

Grundlagen

Wenn man an Aquarellmalerei denkt, hat man sofort Bilder von weiten Landschaften im Kopf. Das muss aber nicht immer so sein, denn mit Aquarell lassen sich so viele kleine bezaubernde Illustrationen zaubern. Doch nur weil die Illustrationen nicht großflächig sind, macht es das Ganze nicht immer einfacher. Aquarell ist ein sensibles Medium und ein Tropfen Wasser zu viel kann schnell zu einem unerwünschten Ergebnis führen.

Aber keine Angst, ich finde, ein Bild hat viel mehr Charme, wenn es eben nicht perfekt ist und auch mal die ein oder andere Linie nicht ganz gerade gezogen ist.

Fangen wir erst mal vorne an.

Farben

Wusstest du, dass es Aquarellfarbe in zwei Zuständen gibt? Es gibt sie in Tuben, dann ist sie flüssig, oder ausgehärtet in kleinen quadratischen Förmchen, genannt Näpfchen. Aber das ist noch lange nicht alles, was es über Farben zu wissen gibt.

TUBEN

In den Tuben ist die Farbe wie gesagt noch flüssig. Sie ist von der Beschaffenheit ähnlich wie Zahnpasta. Mit dieser flüssigen Farbe kannst du sofort malen. Am besten gibst du dafür ein bisschen Farbe auf einen Teller und mischst sie durch Zugabe von ein wenig Wasser an, denn in diesem Zustand ist die Farbe sehr hoch pigmentiert. Ich nutze die Tuben außerdem zum Auffüllen meiner Näpfchen. Man quetscht die Farbe einfach hinein und sollte sie mindestens 48 Stunden trocknen lassen.

NÄPFCHEN

In den kauffertigen Näpfchen ist die bereits ausgehärtete Farbe. Dieser Vorgang nennt sich Flüssigverfüllung und dauert sehr, sehr lange. In der Regel werden hier vier Schichten nach und nach übereinandergelegt, dazwischen liegen jeweils mehrere Wochen Trocknungszeit. Auch mit ein Grund, warum hochwertige Künstlerfarben so teuer sind. Aber die Investition lohnt sich!

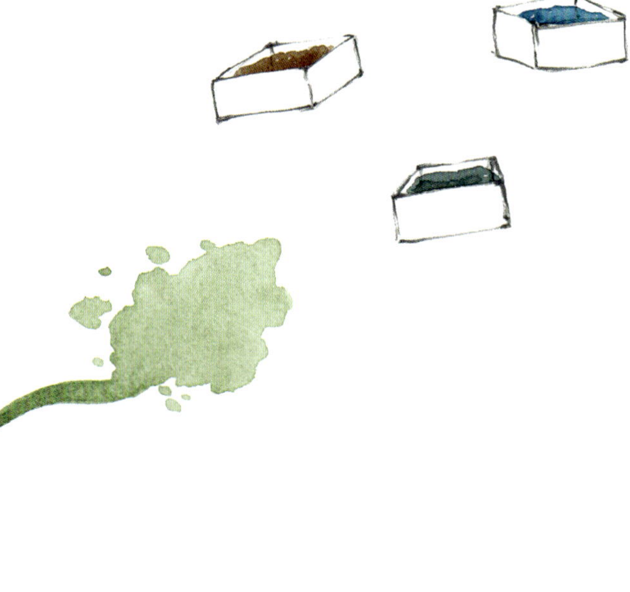

STUDIEN - UND KÜNSTLERFARBEN: WO LIEGT DER UNTERSCHIED?

In erster Linie macht der Unterschied sich im Preis bemerkbar. Der kann schon mal zwischen 50 Cent und einem Euro pro Näpfchen liegen.

Da die Pigmente immer sehr teuer sind, werden bei den Studienfarben zwar in der Regel die gleichen Pigmente verwendet wie bei den Künstlerfarben, allerdings in einer geringeren Menge. Der Rest sind dann Füllstoffe. Dadurch sind die Farben weniger brillant und auch weniger lichtecht.

Ich selbst benutze die Künstlerfarben von Schmincke. Diese nennen sich „Schmincke Horadam". Die Studienfarben der Firma heißen „Schmincke Akademie".

Von den „Schmincke Horadam" gibt es sogar einen vom mir selbst zusammengestellten Kasten, mit dem dieses Buch entstanden ist. Mehr dazu kannst du auf Seite 17 lesen.

Wenn du als Anfänger*in aber erst mal nicht so viel Geld investieren möchtest, dann kann ich dir guten Gewissens auch die Akademiefarben von Schmincke empfehlen.

GEHEIME ZEICHEN?

Sind dir schon mal die ganzen Zeichen aufgefallen, die immer auf den Farben oder den Verpackungen abgedruckt sind?

Sie geben dir Informationen über Lichtechtheit, Deckkraft, Lösbarkeit, Preisgruppe und natürlich Farbnummer und Name.

Ich habe es dir mal in diesem Bild veranschaulicht.

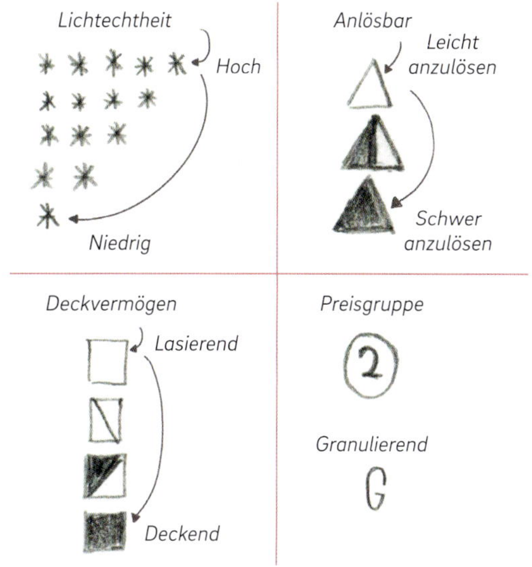

Wichtig für mich sind immer die Lichtechtheit und die Deckkraft. Manche Farben haben auch ein G vermerkt. Dann wird es spannend, denn das bedeutet, dass die Farbe granulierend ist.

GRANULIERENDE FARBEN

Diese Farben sind vielleicht sogar etwas magisch, denn sie überraschen einen immer wieder.

Die Definition von granulierend ist „körnig" und stammt von dem lateinischen „granulum" (dt. Körnchen). Für granulierende Farben werden ganz spezielle Pigmente verwendet, die teilweise etwas grobkörniger sind. Dadurch setzen sie sich tiefer auf dem Papier ab als die feineren und man bekommt eine ganz eigene Struktur. Kontrolle ist hier Fehlanzeige, eher Farbe auftragen und überraschen lassen. Es gilt jedoch etwas zu beachten: Granulierende Farben fühlen sich auf rauem Papier mit etwas mehr Wasser als üblich am wohlsten.

Pinsel

Ich sage es direkt, auch Pinsel sind kein Posten, bei dem man sparen kann. Ein guter Pinsel ist für gute Ergebnisse so wichtig! Wenn wir es mit einem prachtvollen Garten vergleichen, dann ist das Papier die Erde, die Farben die Blumen und der Pinsel das Sonnenlicht. Ohne Licht wächst keine Blume.

Gerade wenn man am Anfang steht, erschlägt einen die Auswahl. Es gibt viele Pinselformen, Materialien und Hersteller. Um die Qual der Wahl möglichst gering zu halten, habe ich eine Auswahl weniger Pinsel getroffen und sie zu einem Set zusammengeschnürt. Mehr dazu auf Seite 17.

Aber fangen wir erst mal vorne an, denn was macht einen guten Pinsel nun aus?

Ein guter Pinsel sollte lange bzw. viel Wasser halten können, denn nur so kannst du fließend arbeiten. Wenn dein Pinsel diese Eigenschaft nicht hat, musst du immer wieder absetzen und neue Farbe aufnehmen. Dadurch erhält das Motiv schnell fleckige Flächen. Wenn du auf Pinsel wie zum Beispiel die aus der Linie „Kum Faded" setzt, wirst du damit keine Probleme haben.

Außerdem sollte der Pinsel meiner Meinung nach heutzutage nicht mehr aus Echthaar bestehen. Synthetische Pinselhaare sind inzwischen genauso gut.

Doch diese Merkmale allein machen die Auswahl nicht so riesig, vielmehr sind es die ganzen unterschiedlichen Formen der Pinsel. Es gibt Schwertpinsel, Schlepper, Katzenzungenpinsel, Rundpinsel, Flachpinsel, Pinsel mit französischer Bindung und viele mehr.

Eingangs habe ich erzählt, dass ich mir mein eigenes Pinselset aus den Kum-Faded-Pinseln geschnürt habe, mit dem dieses Buch entstanden ist. Auf diese im Set enthaltenen Formen und noch zwei Ergänzungen möchte ich etwas genauer eingehen, denn damit kannst du so gut wie alles malen. In meinem Set finden sich ein 8er-Verwaschpinsel, ein 6er-Rundpinsel, ein 4er-Flachpinsel und ein 2er-Schlepper.

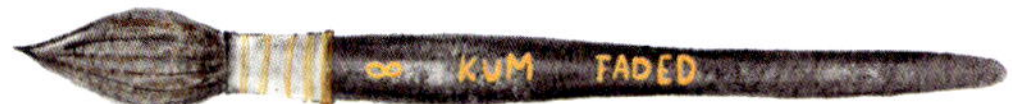

Den Anfang macht der Verwaschpinsel. Er hält besonders viel Wasser in seinem dicken Bauch und ist perfekt zum Grundieren größerer Flächen.

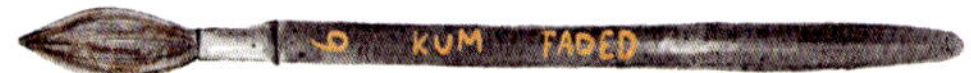

Mit dem 6er-Rundpinsel kann man, dank seiner feinen Spitze, sowohl größere als auch kleinere Details super malen.

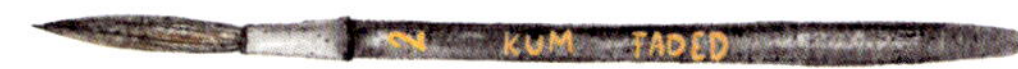

Der 2er-Schlepper kommt ins Spiel, wenn Linien und Details ganz klein und fein werden sollen.

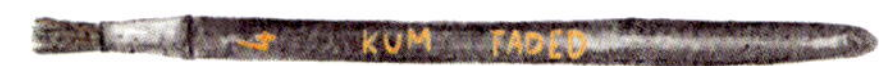

Bleibt noch der 4er-Flachpinsel. Er ist unschlagbar bei geraden Linien wie Holzbalken oder Fensterrahmen.

Als Erweiterungen eignen sich noch ein 12er-Rundpinsel und ein 4er-Rundpinsel.

Papier

So wie ich die Pinsel als Sonnenlicht beschrieben habe, kommen wir nun zur Erde: Die Basis für jedes gute Ergebnis ist gutes Papier. Um es dir hier so leicht wie möglich zu machen, habe ich mich auf eine Papiersorte beschränkt: das „Hahnemühle Expression". Es ist ein absoluter Allrounder, cold pressed, besitzt eine tolle Oberfläche und besteht vor allem aus 100 % Cotton.

Bei den Papieren unterscheidet man in erster Linie zwischen cold und hot pressed.

Am einfachsten lässt sich das anhand eines Bügeleisens erklären. Wenn du mit einem kalten Bügeleisen über den Stoff gehst, bleibt er faltig. Wenn das Bügeleisen heiß ist, wird er glatt.

So ist es auch bei den Papieren. Cold-pressed-Papier wird durch zwei kalte Walzen gepresst und erhält dadurch seine raue Oberfläche. Aber auch hier gibt es noch mal verschiedene Abstufungen. Auf manchen Cold-pressed-Papieren steht zum Beispiel der Zusatz „rau". Das bedeutet einfach, dass das Papier noch eine Spur rauer ist.

Beim Hot-pressed-Papier hingegen wird das Papier durch heiße Rollen gepresst. Dadurch schließt sich die Oberfläche und ist ziemlich glatt.

Aber warum gibt es diese zwei verschiedenen Papiere und wofür nutzt man sie am besten?

Hot-pressed-Papier ist eher für feine, sehr detaillierte Illustrationen geeignet. Vollkommen ungeeignet ist es, wenn man nass in nass arbeiten will. Durch die geschlossene Oberfläche trocknen die Pigmente sehr schnell und man bekommt einen fleckigen Farbauftrag.

Das Cold-pressed-Papier hingegen eignet sich hervorragend für nasses Arbeiten. Aber es lassen sich auch feinere Illustrationen damit zaubern.

An diesem Beispiel sieht man ganz gut, wie sich die unterschiedlichen Papiere und die Pigmente verhalten.

Cold-pressed-Papier

Hot-pressed-Papier

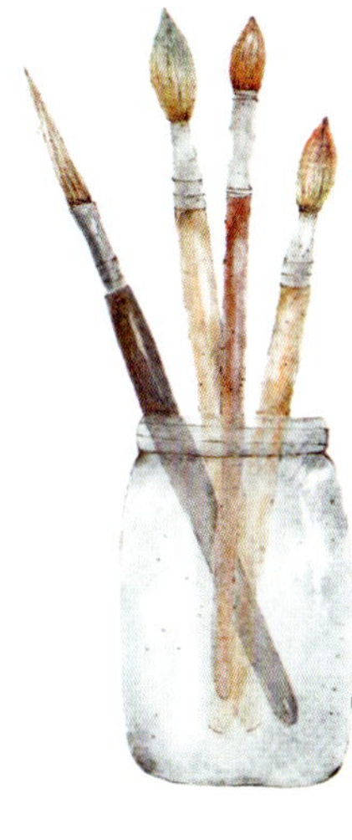

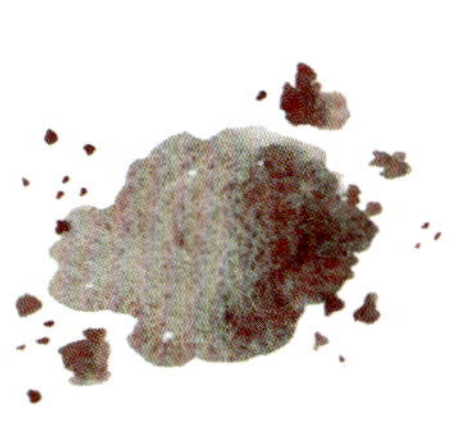

Sonstige Materialien

Neben den Aquarellfarben gibt es noch so viele weitere Materialien, die man zusätzlich verwenden kann, um seinen Bildern das gewisse Etwas zu verpassen. Ich selbst nutze nie ausschließlich Aquarellfarben und auch hinter den Motiven für dieses Buch stecken einige weitere Tools.

BLEISTIFT

Der Bleistift ist für mich der absolute König! Kein Bild ohne Schatten, Dreck und kleine Details mit dem Bleistift. Am besten nutzt man hier einen Druckbleistift mit einer weichen Mine. Weich ist alles, auf dem ein B steht. Also B, B2, B4 usw. HB ist schon zu hart.

Mein absoluter Lieblingsbleistift ist der Caran d'Ache mit originaler B-Mine. Ich weiß nicht, was genau sie in ihre Minen packen, aber das Grafit ist besonders matt und dunkel.

Zum besseren Verständnis erkläre ich dir hier einmal die Unterschiede der einzelnen Härtegerade:

F: F steht für „Fine Point" oder „Fein". Ein F-Bleistift hat eine feinere und härtere Mine als ein HB-Bleistift. Für Aquarellpapier ist ein Bleistift in dieser Härte allerdings ungeeignet, da er durch seine Härte die Oberfläche des Papiers kaputtmachen kann. F-Bleistifte werden oft für detaillierte Zeichnungen, technische Skizzen oder zum Schreiben von Notizen verwendet.

H: H steht für „Hard" oder „Hart". Härtegrade mit einer Zahl, wie zum Beispiel 2H, 3H usw., werden verwendet, um den Härtegrad weiter zu spezifizieren. Ein H-Bleistift hat eine härtere Mine als ein HB-Bleistift. Je höher die Zahl vor dem H ist, desto härter und heller wird der Strich. H-Bleistifte werden generell für Arbeiten verwendet, bei denen präzise Linien erforderlich sind.

HB: HB steht für „Hard Black" oder „Hart Schwarz". Es ist der Standard-Härtegrad und liegt zwischen den Härtegraden H und B. Ein HB-Bleistift erzeugt einen mittelharten Strich, der für allgemeine Schreib- und Zeichenarbeiten geeignet ist. HB-Bleistifte werden zum Bleistift (höhö) oft in Schulen und Büros verwendet.

B: B steht für „Black" oder „Schwarz". Ein B-Bleistift hat eine weichere Mine als ein HB-Bleistift. Je höher die Zahl ist (z. B. 2B oder 3B), desto weicher und dunkler ist der Strich. B-Bleistifte werden häufig für künstlerische Zeichnungen, Skizzen, Schattierungen und für Arbeiten, bei denen ein tieferer Kontrast gewünscht wird, verwendet. Genau richtig für unsere geliebten Bleistiftdetails!

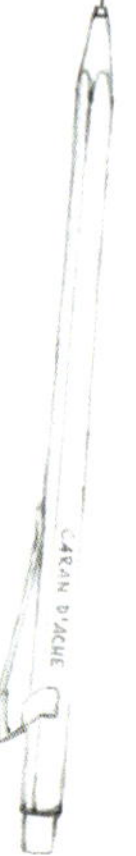

Wichtig ist jedoch zu beachten, dass die Härtegrade je nach Hersteller variieren können!

Dieses Beispiel zeigt die verschiedenen Härten im Vergleich zu meinem Liebling, dem Caran d'Ache.

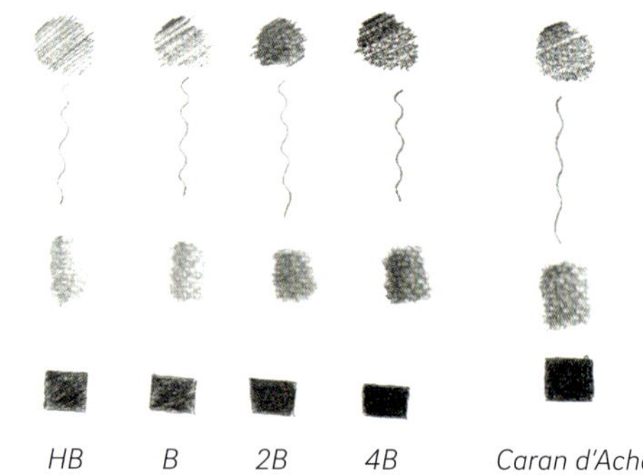

Info
In dem digitalen Workbook findest du eine Vorlage, an der du mit Bleistift und Papierwischer üben kannst, Schatten und Struktur zu setzen.

ESTOMPE/PAPIERWISCHER

Wo der Bleistift ist, ist der Papierwischer nicht weit. Er ist ein stiftförmiges Werkzeug, welches aus ganz eng zusammengerolltem Papier besteht. Damit lassen sich die Bleistiftstriche verwischen und man bekommt eine ganz tolle Struktur. Anwenden lässt sich diese Technik zum Beispiel großartig bei Schatten. Alternativ lassen sich auch gut Wattestäbchen verwenden.

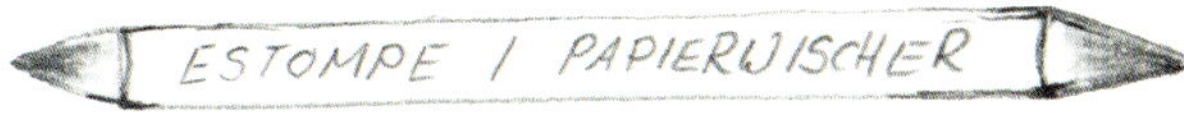

BUNTSTIFTE

Buntstifte sind was Großartiges! Du willst irgendwo einen Schriftzug oder ein sehr feines Detail einarbeiten? Dann schnapp dir doch einfach einen Buntstift, damit geht es ganz leicht von der Hand.

Ich glaube, in jedem Haushalt findet sich mindestens ein Buntstift. Wie bei Aquarellfarben gibt es auch hier sehr viel Auswahl von günstig bis teuer. Aber muss es denn wirklich immer der teuerste Stift sein?

Den Unterschied macht wie so oft die Qualität, die sich in verschiedenen Aspekten zeigt: der Qualität der Materialien, der Pigmentierung, der Haltbarkeit und dem Ergebnis des Auftragens auf Papier.

Ich habe zur Verdeutlichung, einige Unterschiede zusammengefasst:

Materialqualität: Hochwertige Buntstifte werden in der Regel aus hochwertigen Materialien hergestellt, wie z. B.: Holz oder Kunststoff für die Stiftkörper. Günstige Buntstifte bestehen möglicherweise aus minderwertigeren Materialien, die brüchig sein können oder sich leicht abnutzen.

Pigmentierung: Hochwertige Buntstifte enthalten hoch konzentrierte Pigmente, die eine intensive Farbabgabe ermöglichen. Dadurch sind die Farben kräftig und leuchtend. Bei günstigen Buntstiften kann die Pigmentierung schwächer sein, wodurch die Farben blasser und weniger lebendig wirken können.

Mischbarkeit: Hochwertige Buntstifte haben oft eine gute Mischbarkeit der Farben. Das bedeutet, dass man verschiedene Farben miteinander vermischen oder verblenden kann, um neue Farbtöne und Schattierungen zu erzeugen. Bei günstigen Buntstiften ist die Mischbarkeit oft eingeschränkt, was die Möglichkeiten begrenzt.

Farbauswahl: Hochwertige Buntstifte bieten oft eine größere Auswahl an Farben, darunter auch spezielle Farbtöne und Nuancen wie Pastell oder viele unterschiedliche Abstufungen von Brauntönen. Günstige Buntstifte haben in der Regel eine begrenztere Farbpalette.

Haltbarkeit: Hochwertige Buntstifte sind normalerweise langlebiger und widerstandsfähiger. Die Minen brechen weniger leicht und sie lassen sich gut spitzen, ohne zu bröckeln.

Malerlebnis: Hochwertige Buntstifte bieten dir oft ein besseres Malerlebnis. Sie gleiten sanft über das Papier und ermöglichen einen präzisen Farbauftrag und machen dadurch einfach wahnsinnig Spaß. Günstige Buntstifte hingegen können manchmal kratzig sein und einen ungleichmäßigen Farbauftrag haben, was nicht so viel Spaß macht.

Meine bevorzugten Buntstifte sind die der Serie „Luminance" von Caran d'Ache. Doch du brauchst dein Konto jetzt nicht zu plündern, denn es gibt eine günstigere Alternative, die es mit den Großen aufnehmen kann. Die „Bruynzeel Design"-Buntstifte der gleichnamigen Marke.

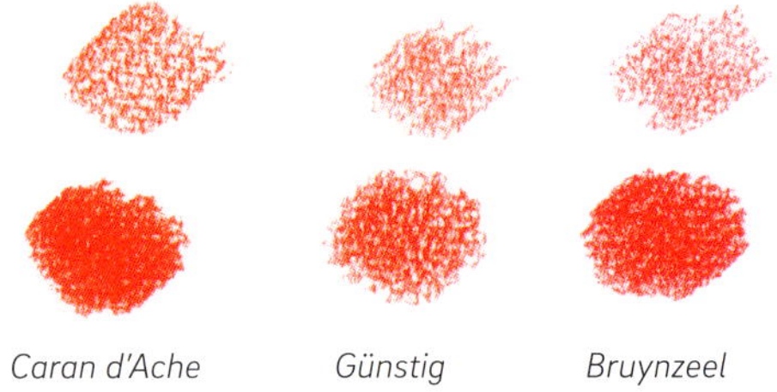

Caran d'Ache *Günstig* *Bruynzeel*

Schaue dir mal mein Beispiel an, ich finde, da kann man die Unterschiede schon ganz gut erkennen.

WATERCOLOR MARKER

Last but not least sind da noch die Watercolor Marker. Sie sind ebenfalls ein tolles Medium und in der Tat eine 100%ige Alternative zu Aquarellfarben. Du kannst sie auch ohne Probleme auf Aquarellpapier benutzen und die Pigmente dann mit Wasser vermalen. Gerade wenn du zwei Farben auf diese Art verblendest, bekommst du großartige Ergebnisse. Hier empfehle ich dir die „Albrecht Dürer Watercolor Marker" von Faber Castell. Diese enthalten hochwertige Aquarelltinte auf Wasserbasis, welche eine hohe Deckkraft und Farbintensität bietet. Die Marker sind in einer Vielzahl von lebendigen Farben erhältlich und auch super für Anfänger*innen geeignet.

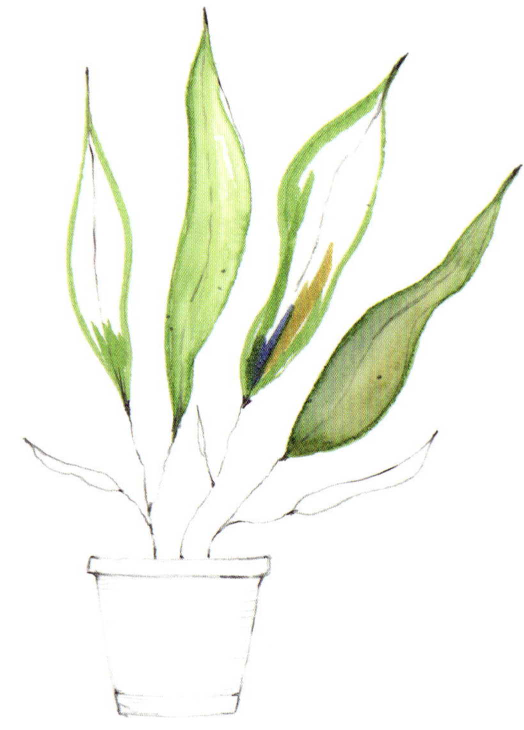

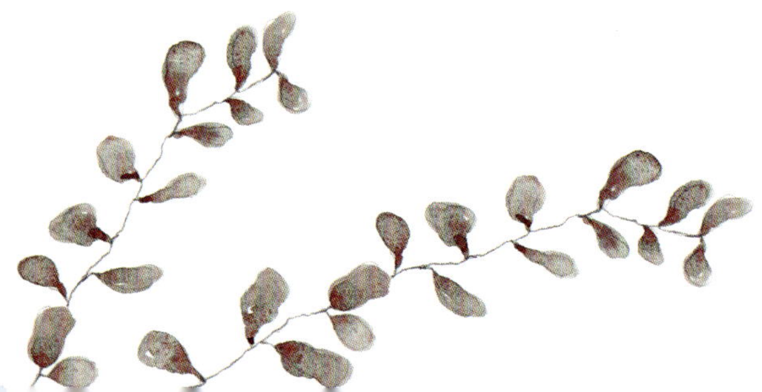

Technisches

Aquarell und Technik? Passt nicht zusammen, denn an Aquarell ist doch eigentlich das Spannende, dass es nicht wirklich berechenbar ist, sich nicht in gerade Formen pressen lässt und immer wieder für wunderschöne Überraschungen sorgt. Wenn ich an Aquarell denke, denke ich an Entspannung, Intuition, Freude an Pigmenten und nicht an Technik und Theorie. Doch leider müssen wir uns ein kleines bisschen mit der Technik beschäftigen, denn um diese wunderschönen Überraschungen auf dein Papier zu bringen, musst du verstehen, warum sich deine Pigmente verhalten, wie sie sich verhalten.

WAS ES ÜBER PIGMENTE ZU WISSEN GIBT

„Ich muss, was über Pigmente wissen? Aber ich habe mir doch gerade so einen schönen Farbkasten gekauft und möchte am liebsten direkt drauflosmalen!"

Vielleicht sind das die ersten Gedanken, die dir in den Kopf gekommen sind, als du die Überschrift gelesen hast. Natürlich kannst du einfach drauflosmalen, aber ohne ein bisschen Wissen über Farben wird dir die Farbauswahl eventuell schwerfallen oder du verwendest vielleicht einfach zu viele Farben in deinem Bild und am Ende sieht es irgendwie unharmonisch aus. Doch warum ist das so?

Rot ist nicht gleich Rot, Gelb ist nicht gleich Gelb und Blau ist nicht gleich Blau. Von jedem Ton gibt es viele Abstufungen sowie kalte und warme Töne. Ein Bild wirkt zum Beispiel besonders harmonisch, wenn man sich größtenteils entweder auf die warmen oder die kalten Töne beschränkt.

Hier ein Beispiel eines kalten und eines warmen Tons.

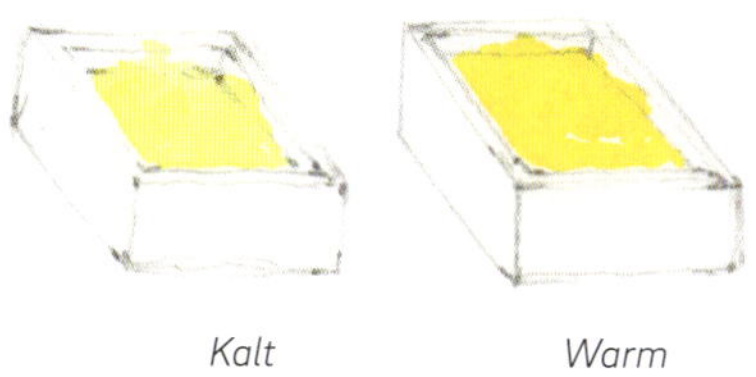

Kalt *Warm*

FARBEN MISCHEN

Um ein schönes Bild zu malen, brauchst du gar nicht so viele Farben, denn du kannst durch Mischen immer neue Farbvariationen erzeugen. In meinem Aquarellkasten sind beispielsweise zwölf Farben, die ich untereinander fröhlich mische und so immer wieder neue Farben entdecke.

Für das Anmischen einer einzelnen Farbe, sprich sie mit Wasser so zu verdünnen, bis sie so hell ist, wie du sie haben möchtest, spielt der Farbwert eine wichtige Rolle. Der Farbwert zeigt, welches Spektrum eine Farbe zwischen sehr hell und sehr dunkel hat.

Hier gut zu sehen an dem eher deckenden Mahagonibraun und dem eher lasierenden Grüne Erde.

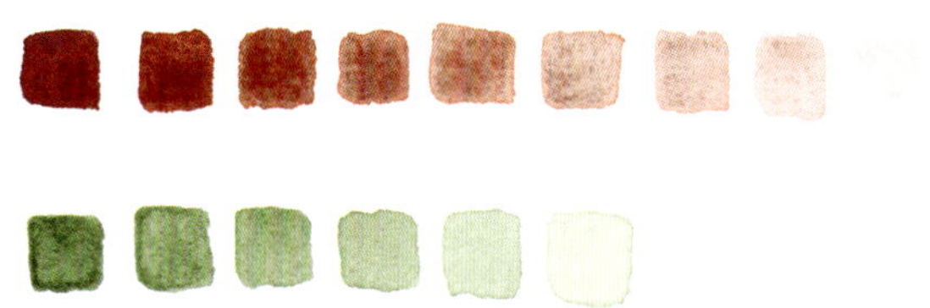

Maltechniken

Ja, auch das Thema Malechnik hat seine Berechtigung, denn so intuitiv Aquarell auch sein kann, ohne die Technik in der Hinterhand tanzen dir die Farben auf der Nase herum.

LASUR ODER AUCH NASS AUF TROCKEN

Bei der Lasur legt man einzelne Farbschichten übereinander. Das können unterschiedliche Farben sein oder dieselbe. Die Technik braucht etwas Übung, damit nicht alles ineinander verläuft. Die unterste Schicht muss gut durchgetrocknet sein, bevor die nächste Schicht draufkommt. Diese darf dann allerdings nicht zu nass sein, weil sich sonst auch das trockenste Pigment wieder anlöst. Ich nutze die Lasur gerne für verwitterte Oberflächen wie in diesem Beispiel.

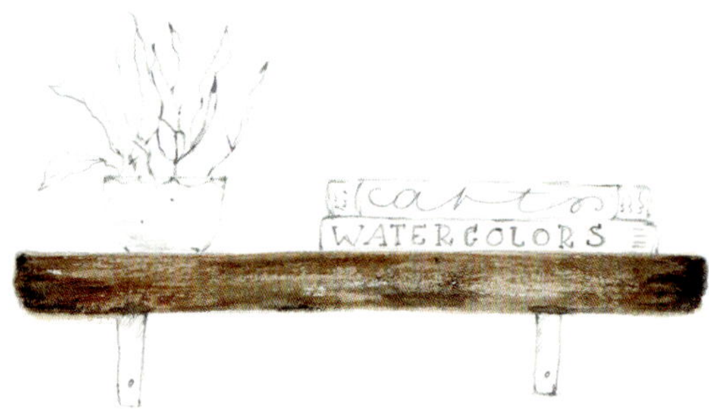

NASS IN NASS

Bei der Nass-in-Nass-Technik befeuchtet man erst das Papier mit klarem Wasser oder mit ein wenig Pigment. Wichtig hierbei: Es dürfen keine Pfützen auf dem Papier entstehen. Das Blatt soll sich gleichmäßig mit dem Wasser vollsaugen, so, dass ein leichter Glanz entsteht. Im Anschluss gibt man das Pigment mit einem trockenen Pinsel hinzu. Dieses verteilt sich überall dort, wo das Papier nass ist. Natürlich kann man auch verschiedene Farben ineinanderlaufen lassen. Diese Technik eignet sich gut für Himmel oder zarte Hintergründe.

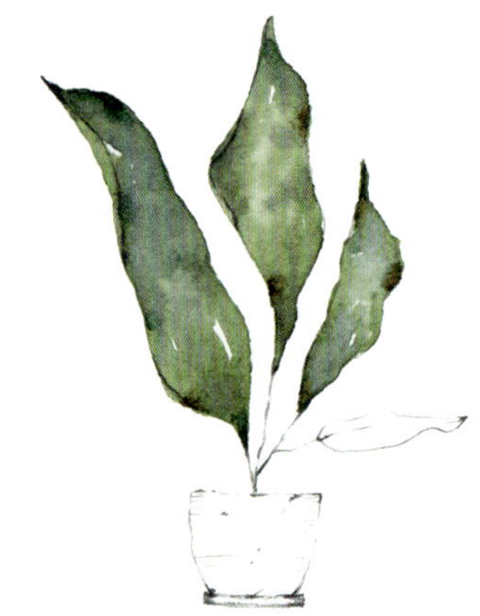

LAVUR

Mit der Lavur kannst du großartige Verläufe erzeugen. Gib zunächst hochpigmentierte Farbe auf dein Papier, wasch den Pinsel schnell aus und zieh mit dem nassen Pinsel die Farbe nach unten weg. Wichtig hier, nicht absetzen. Diese Technik kannst du sowohl auf nassem als auch auf trockenem Papier anwenden.

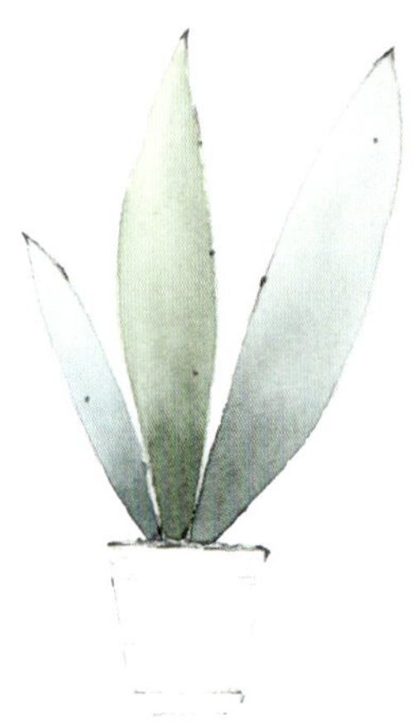

TUPFTECHNIK

Meine Tupftechnik ist eine tolle Methode, um interessante Strukturen und Texturen in deinen Bildern zu erzeugen. Hier ist eine kleine Schritt-für-Schritt-Anleitung, wie es funktioniert:

1. Zuerst trägst du die Farbe mit etwas mehr Wasser auf dem Papier auf.

2. Dann nimmst du dieselbe Farbe etwas pigmentierter und gibst sie auf die nasse Fläche. Du kannst hierbei entweder den Aquarellpinsel direkt in die Farbe tauchen oder die Farbe zuvor auf einer Mischpalette anmischen.

3. Sobald du die Farbe aufgetragen hast, nimmst du ein sauberes Tuch und tupfst vorsichtig auf die noch nasse Farbe. Dadurch nimmst du teilweise ein bisschen Pigment wieder ab. Du kannst das Tuch ruhig leicht auf das Papier drücken, um die gewünschten Effekte zu erzielen.

4. Nachdem du die Farbe teilweise mit dem Tuch abgenommen hast, kannst du erneut Farbe auf das Papier geben. Du kannst diesen Vorgang öfter wiederholen, um weitere Schichten und Textur aufzubauen. Durch das Tupfen und erneutes Auftragen entstehen interessante Effekte wie Flecken, Tropfen oder unregelmäßige Muster.

Diese Tupftechnik ermöglicht es dir, Strukturen und Details in deinen Bildern zu erzeugen. Sie verleiht ihnen Lebendigkeit und Tiefe.

Experimentiere mit verschiedenen Farben, Farbkombinationen und Tupfbewegungen, um deinen eigenen Stil und die gewünschten Strukturen zu entwickeln. Viel Spaß beim Ausprobieren!

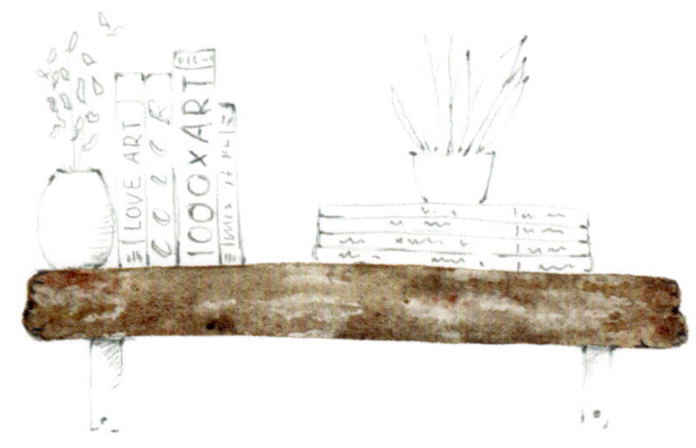

Info

Fast alle meine verwendeten Materialien bekommt man bei meinem Haus-und-Hof-und-Herz-Dealer, den Gustavsons. Sei es mein Pinselset, mein Farbkasten oder das empfohlene Papier.

Und das Beste, mit dem Code PAPERIEUR5 kannst du 5 % sparen!

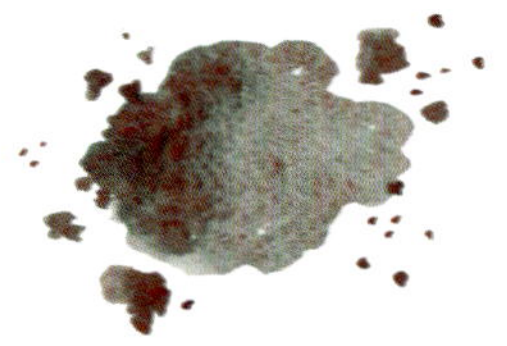

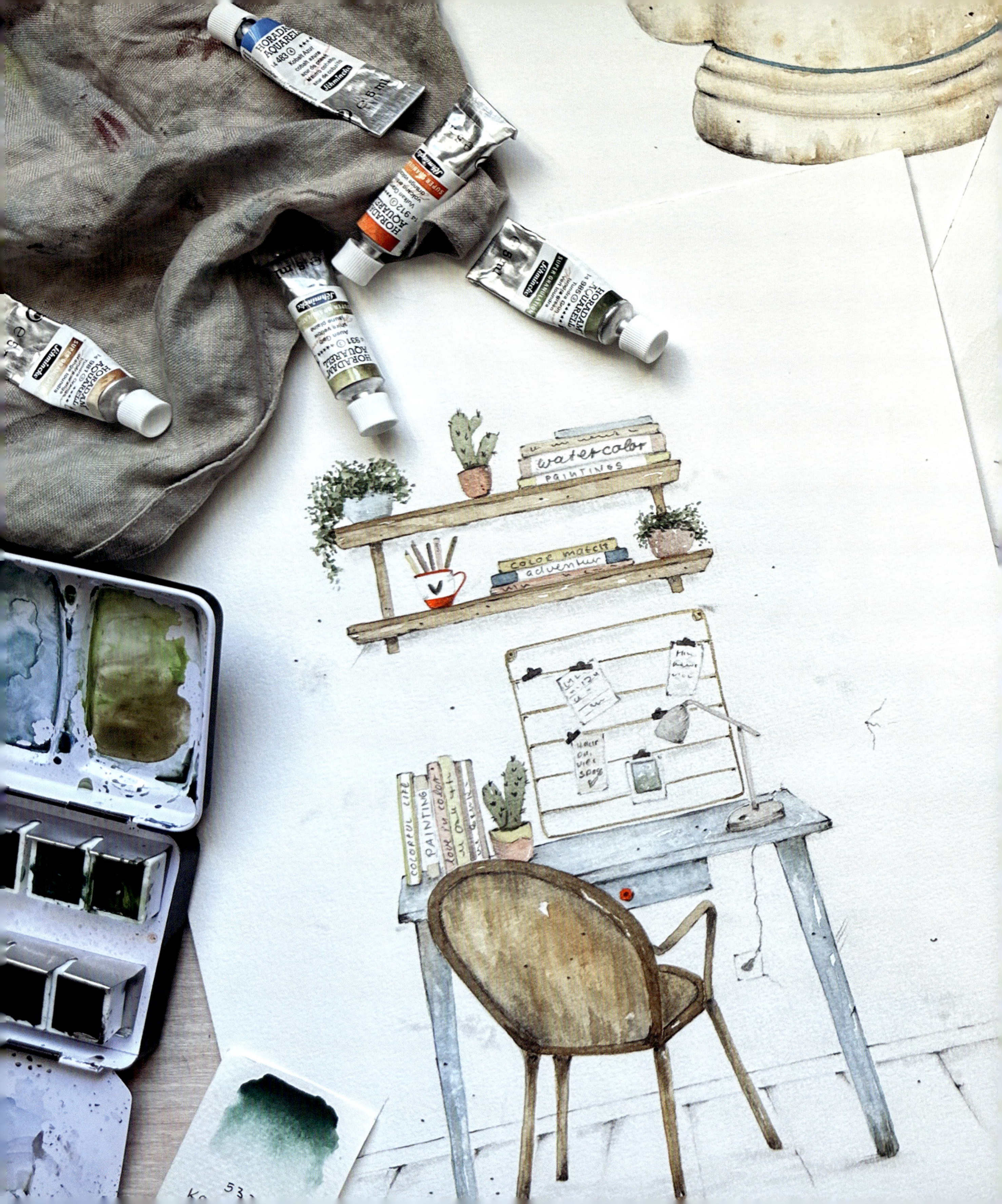
watercolor
PAINTINGS
color match
COLORFUL LIFE
PAINTING
love in color

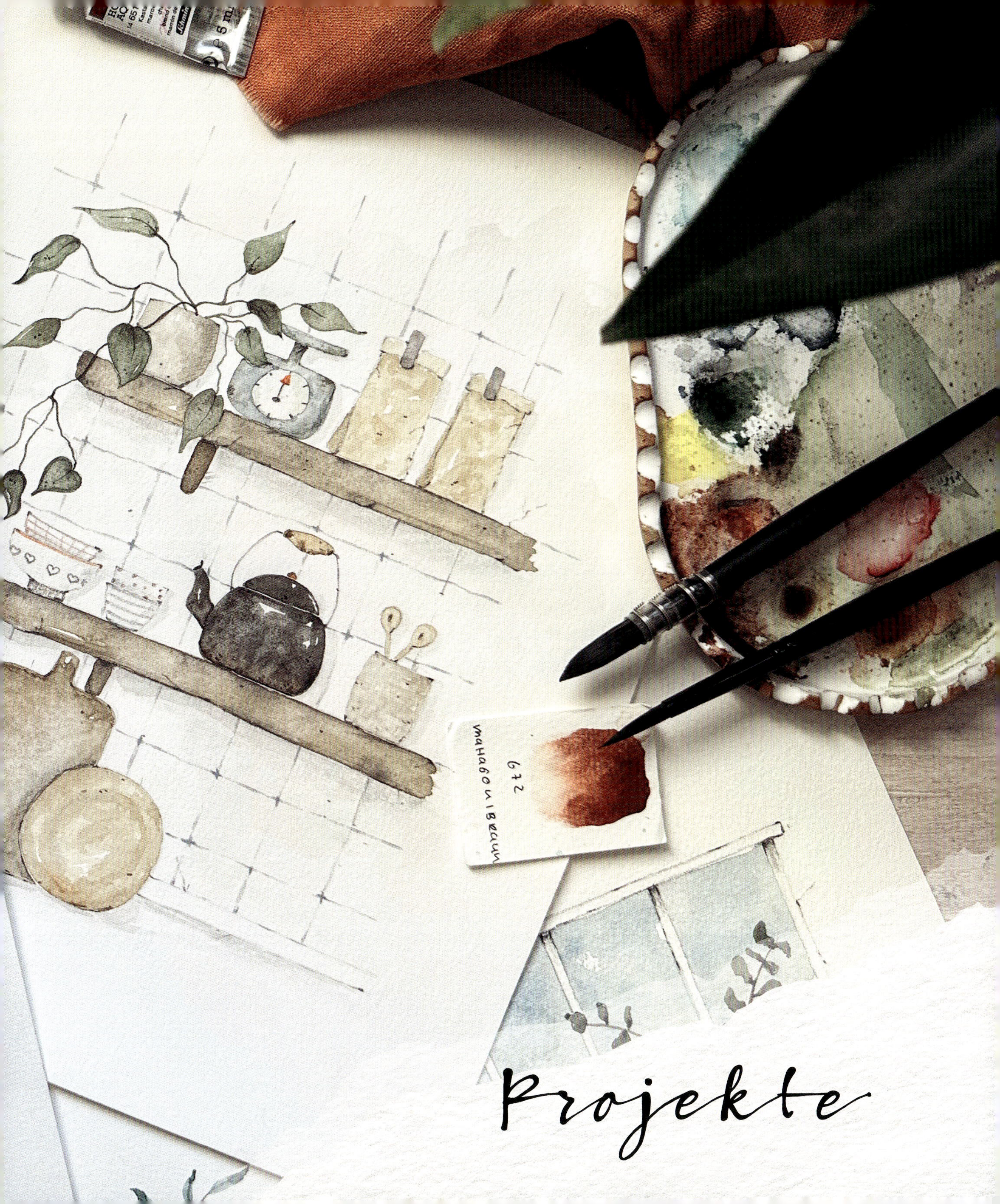

Projekte

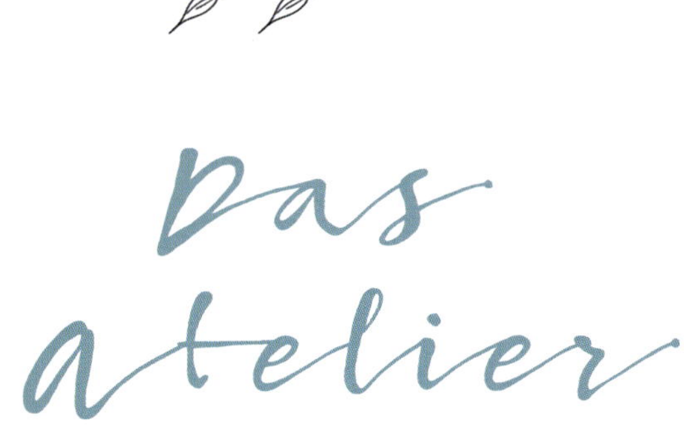

In einem Atelier erwacht die Kreativität zum Leben. Ein Raum voller Farben, Pinsel und Leinwände, inspirierend und bunt. In einem Atelier entsteht Magie, die die Sinne begeistert und festhält.

Farben

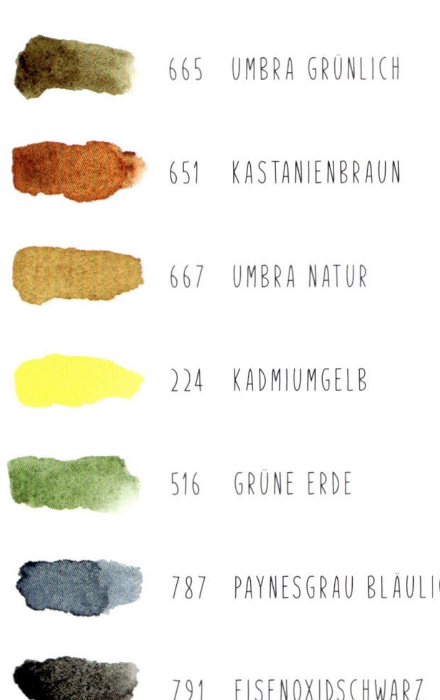

665 UMBRA GRÜNLICH

651 KASTANIENBRAUN

667 UMBRA NATUR

224 KADMIUMGELB

516 GRÜNE ERDE

787 PAYNESGRAU BLÄULICH

791 EISENOXIDSCHWARZ

Materialien

Papier
✓ Hahnemühle Expression

Pinsel
✓ 8er-Verwaschpinsel
✓ 6er-Rundpinsel

Stifte
✓ Druckbleistift
✓ Papierwischer
✓ Buntstifte

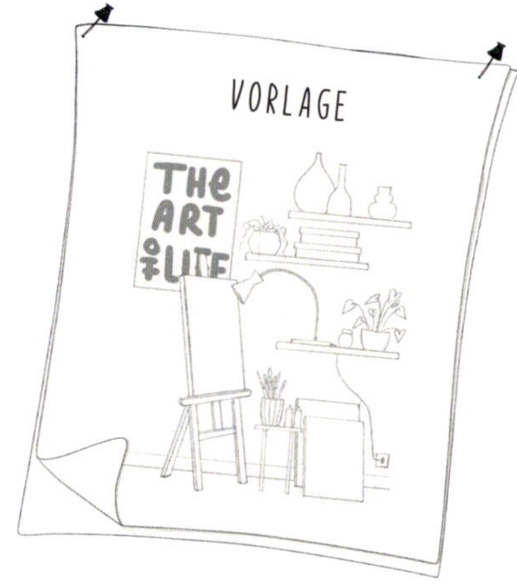

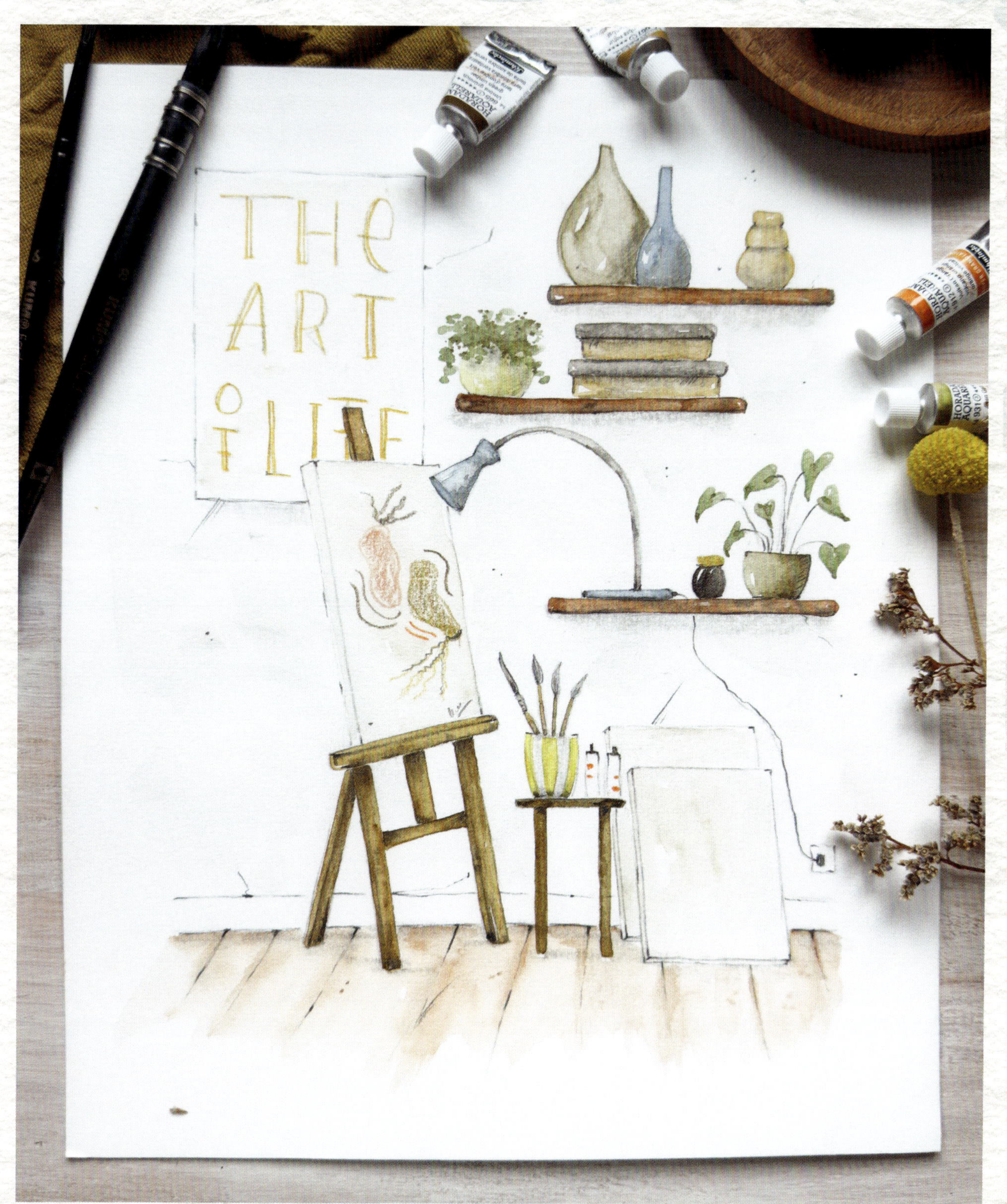
THE
ART

DAS ATELIER

1 Für den Anfang brauchst du direkt drei Farbtöne, und zwar einmal ein sehr, sehr verdünntes Eisenoxidschwarz, ein auch sehr verdünntes Umbra grünlich und ein leicht verdünntes Kastanienbraun. Nimm dir deinen Verwaschpinsel und starte damit, die Wand mit einem sehr hellen Eisenoxidschwarz zu grundieren. Achte wie immer darauf, die Fläche möglichst in einem Schwung zu malen. Danach grundierst du die Leinwände und auch das große Bild an der Wand mit dem angemischten Umbra grünlich und zum Schluss den Boden in Kastanienbraun. Hier ziehst du die Linien in die Richtung der Holzdielen. Nach der ersten Schicht kannst du direkt noch mal mit etwas dunklerem Kastanienbraun reingehen und die Linien der Dielen ziehen.

2 Jetzt kannst du den Verwaschpinsel gegen den 6er-Rundpinsel austauschen und die Regale an der Wand in Kastanienbraun malen. Hier kommt unsere bewährte Tupftechnik zum Einsatz. Nach dem Auftrag der ersten Farbschicht tupfst du stellenweise ein wenig Pigment weg und gibst hier und da wieder etwas Pigment hinzu. Den Hocker kannst du ebenfalls in Kastanienbraun malen und die Staffelei in Umbra natur.

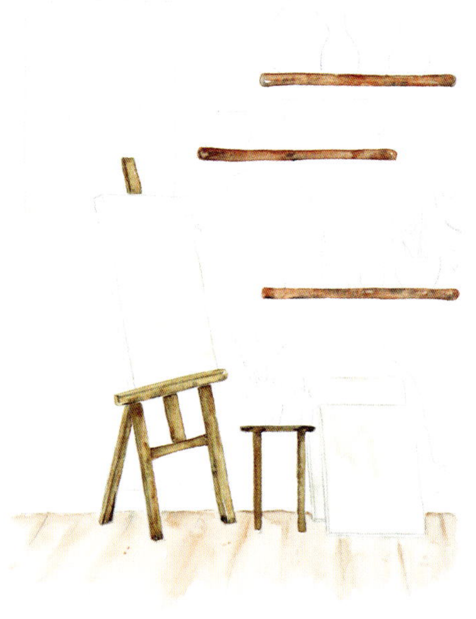

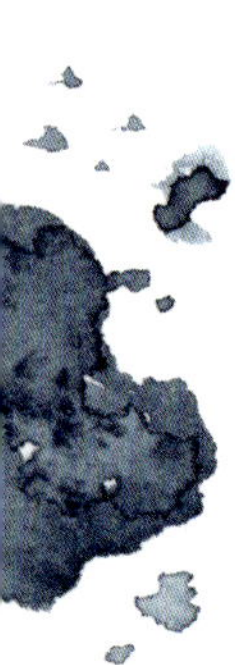

3 Jetzt kommen auch schon die ganzen Dekoelemte an die Reihe, die in den Regalen stehen. Arbeite dich hier Farbe für Farbe nach vorne. Das wären dann ein Blumentopf und der Pinselbecher in Kadmiumgelb und die große Vase, der andere Blumentopf und die Pinselstiele in Umbra grünlich. Die zweite Vase und die Lampe in Paynesgrau bläulich, die Kisten und die kleine Vase in Umbra natur. Mit Eisenoxidschwarz jetzt noch Lampenhals, Tintenfass, Kappen der Tuben und Pinselhaare.

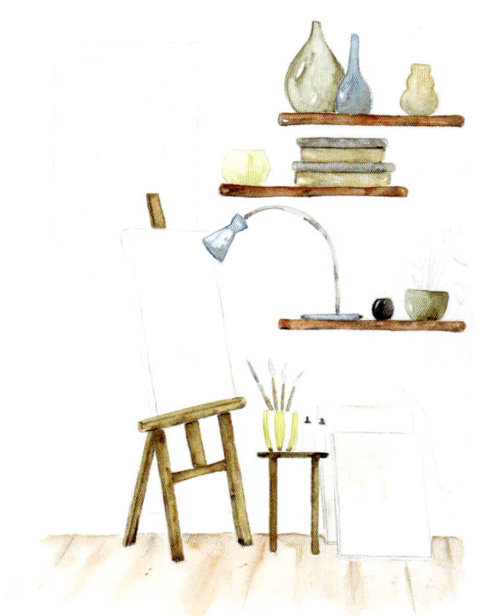

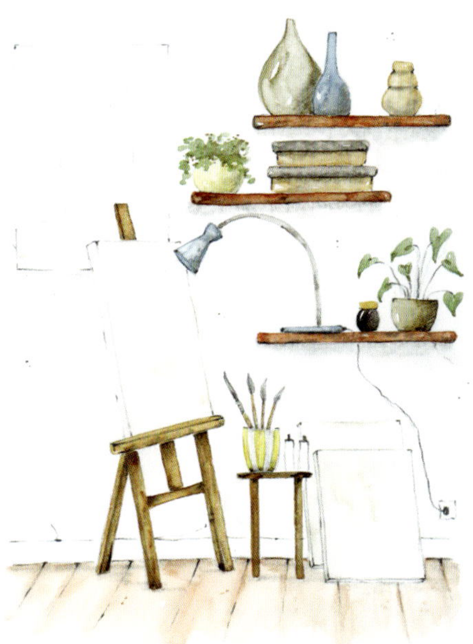

4 Nun kommen die Pflanzen in Grüne Erde dran. Gib an machen stellen ein klein wenig Umbra grünlich mit dazu. Das verschafft etwas Tiefe und die Blätter sehen nicht so ausgemalt aus.

Jetzt kommt auch schon der Bleistift dran. Setze Akzente an den Kanten der Leinwände und des Posters. Auch die Dielen kannst du stellenweise noch etwas betonen. Male auch direkt mit dem Bleistift die Stiele der Pflanzen, das Kabel der Lampe und, nicht zu vergessen, die Steckdose. Die Schatten schraffierst du zuerst leicht und verwischst sie dann mit dem Papierwischer.

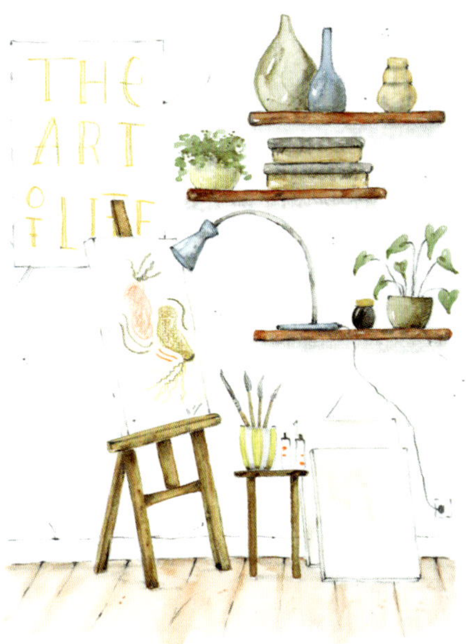

5 Im letzten Schritt kannst du deine Buntstifte auspacken. Besonders eignen sich hier warme, erdige Töne wie ein Senfgelb, ein Olivgrün und ein warmes Rosa. Mit dem Gelb kannst du als Erstes den Schriftzug auf das Poster malen. Vielleicht fallen dir ja ein paar außergewöhnliche Buchstaben ein. Im Anschluss malst du noch ein Bild auf die Leinwand. Es liegt ganz bei dir, ob du lieber einen Blumenstrauß malen willst oder, so wie ich, etwas Abstraktes.

atelier

Wir benutzen dieses Wort wie selbstverständlich, aber hast du dir schon mal überlegt, was es bedeutet und wo es herkommt?

Das Wort „Atelier" stammt aus dem Französischen und bedeutet „Werkstatt" oder „Arbeitsraum". Häufig wird es im Kontext der bildenden Kunst verwendet, um den Arbeitsplatz eines oder einer Künstlers*in zu beschreiben. Hier erschafft und arbeitet er*sie an seinen*ihren Werken. Der Begriff Atelier kann auch in anderen kreativen Bereichen wie Mode, Design und Handwerk verwendet werden, um den Arbeitsraum eines Kreativen oder eines*einer Handwerkers*in zu beschreiben. Ursprünglich stammt das Wort aus dem Lateinischen „astellum", was „kleines Haus" oder „Häuschen" bedeutet. Im Laufe der Zeit hat sich der Begriff weiterentwickelt und steht heute für die kreativen Wirkungsstätten.

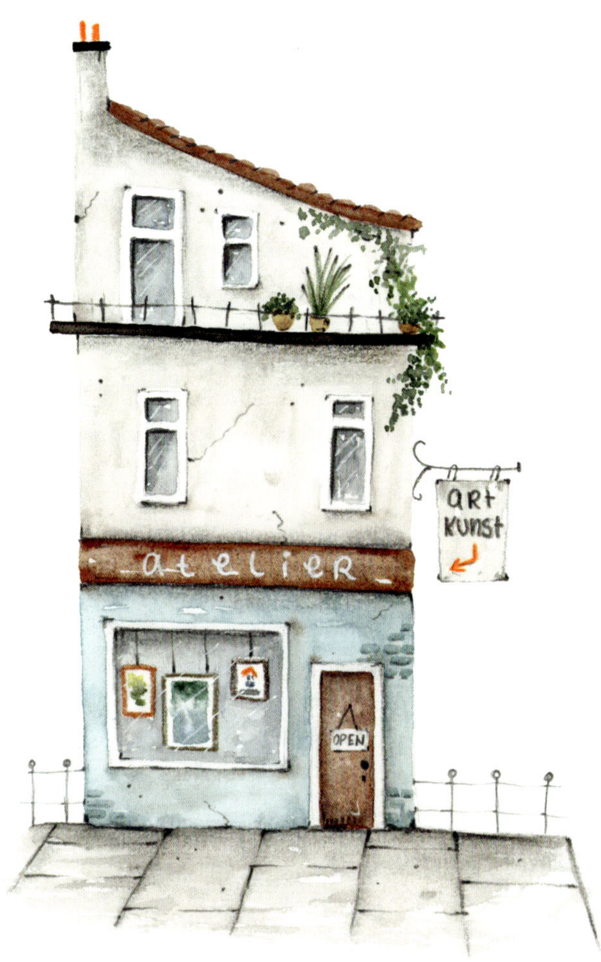

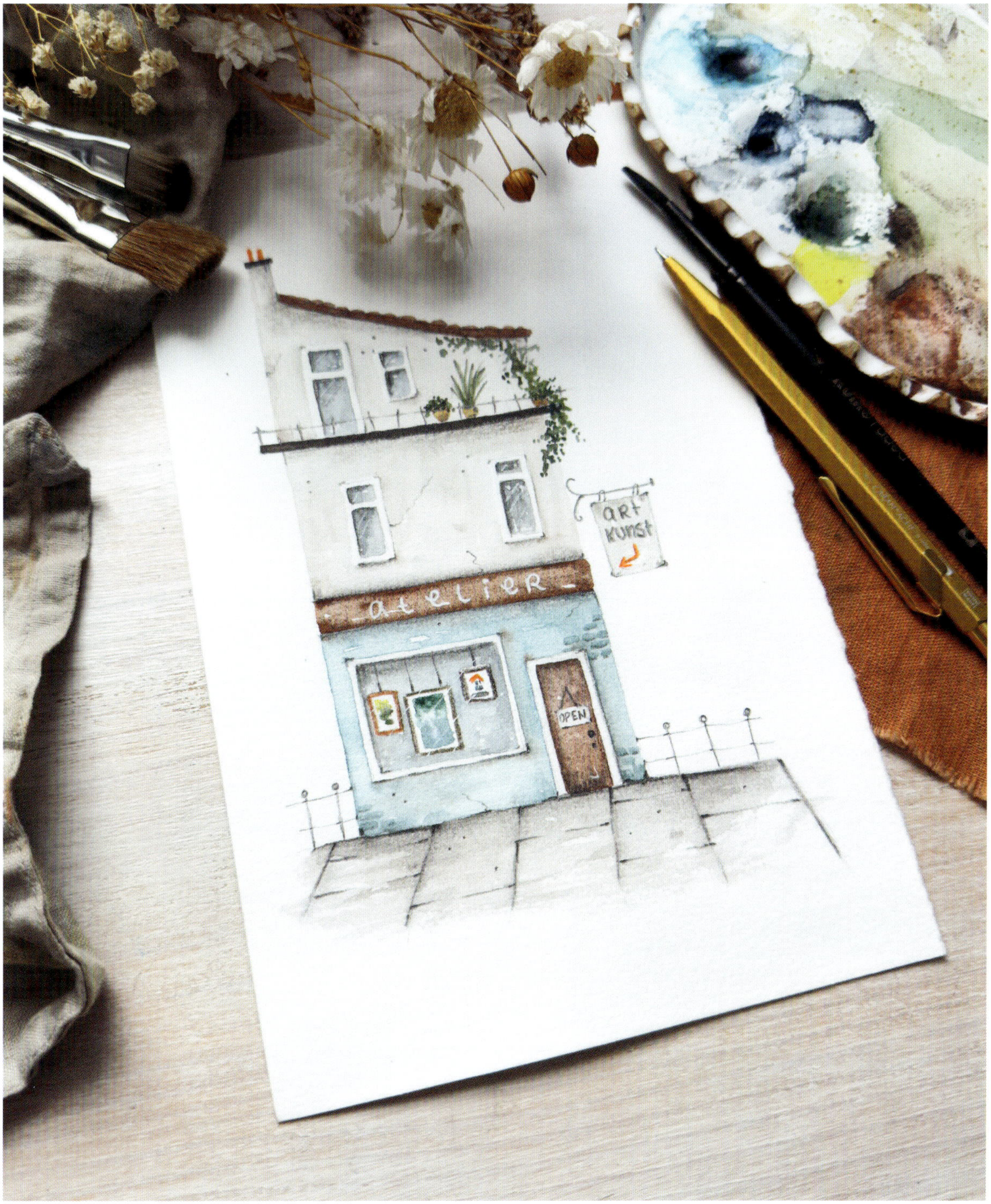

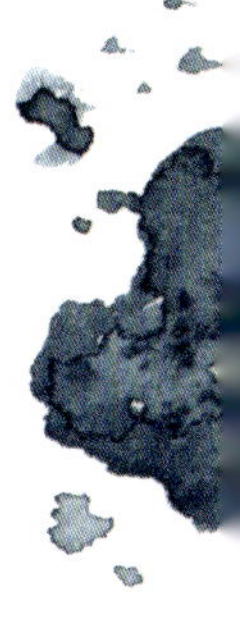

Blumen und Bücher

Ein Stapel voller Bücher und obendrauf ein Strauß Blumen. Dieses Motiv ist simpel und schnell gemalt. Auch wenn du noch nicht so geübt bist, ist es ein tolles Motiv, gerade für den Anfang.

Farben

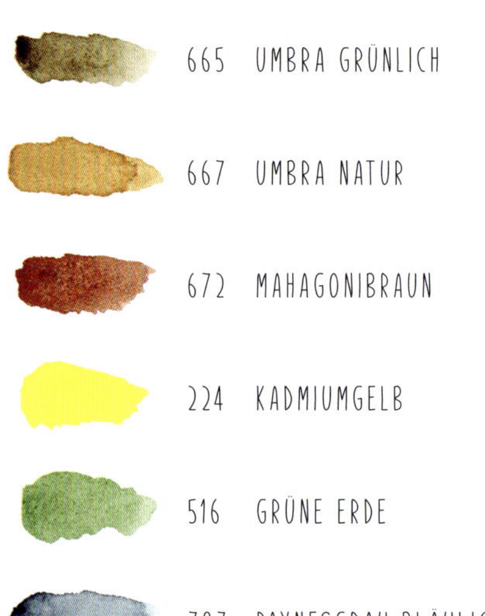

Materialien

Papier
✓ Hahnemühle Expression

Pinsel
✓ 6er-Rundpinsel
✓ 2er-Schlepper

Stifte
✓ Druckbleistift
✓ Papierwischer

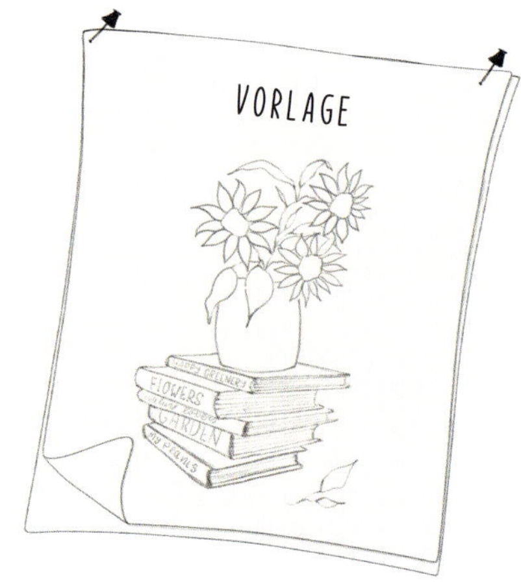

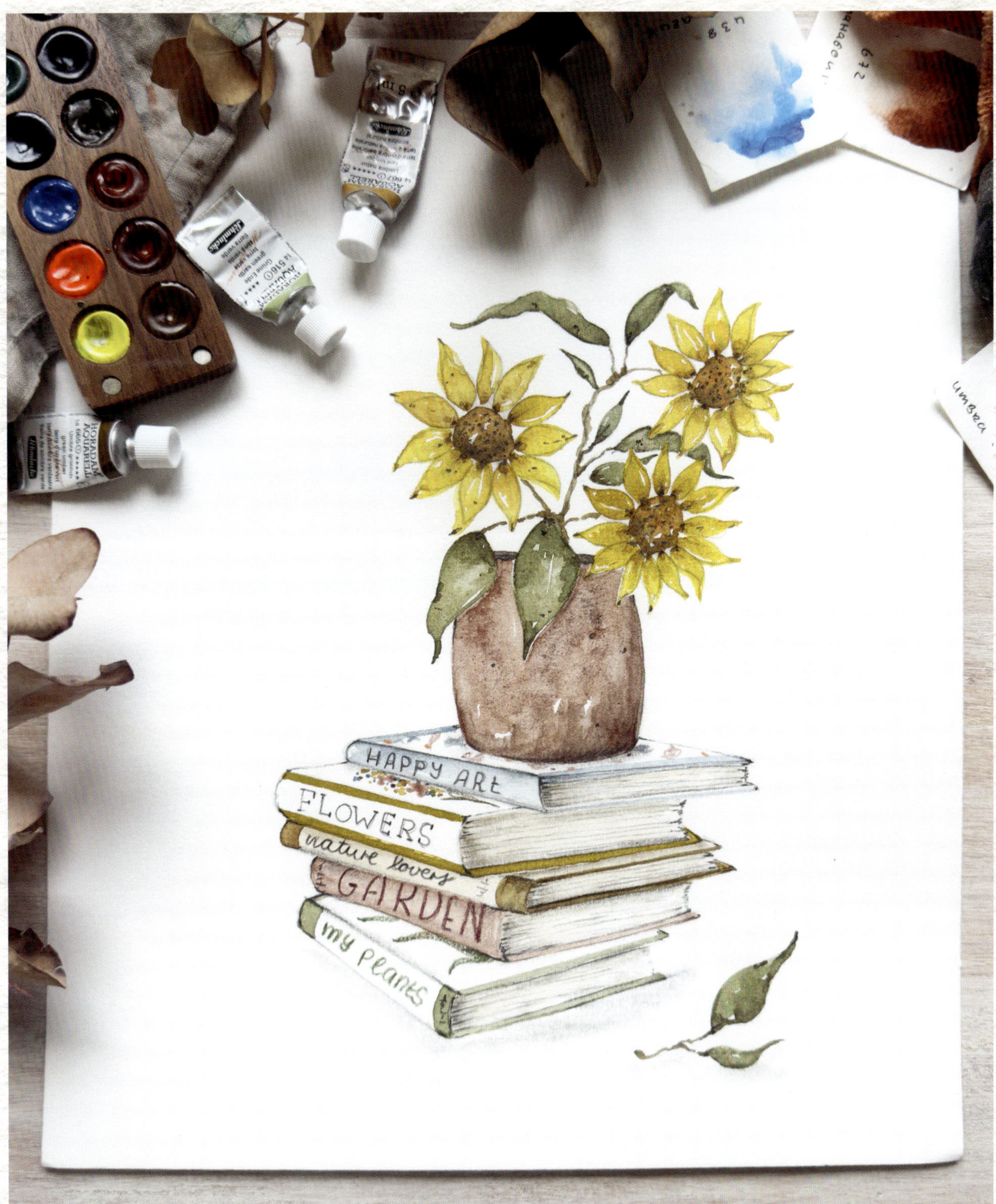
HAPPY ART
FLOWERS
nature lovers
GARDEN
my plants

BLUMEN UND BÜCHER

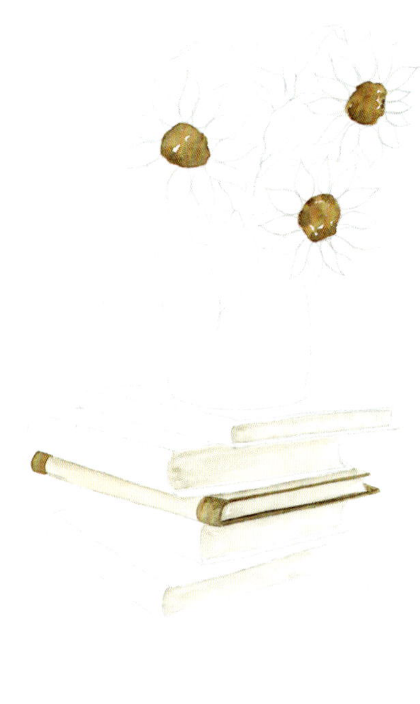

1 Nimm den 6er-Rundpinsel und Umbra grünlich verdünnt. Grundiere damit zunächst die Buchseiten und eines der Bücher. Während das trocknet, malst du schon mal das Innere der Blüten in Umbra natur. Hier kannst du ruhig etwas nasser arbeiten und an den Rändern ein wenig mehr Pigment hinzugeben. Wenn bei den Büchern alles trocken ist, kannst du das bereits gemalte Buch noch etwas mit Umbra natur verzieren.

2 Mische dir als Nächstes Kadmiumgelb mit etwas Umbra natur an und male damit die Blütenblätter. An den Innenseiten kannst du zusätzlich noch ein bisschen Umbra natur mit dazugeben und auch auf die Blütenstempel ein paar Punkte. Mit der Gelbmischung kannst du auch das nächste Buch schon einmal etwas verzieren. In einer Mischung aus Grüne Erde und Umbra natur kommen anschließend die Blätter und das untere Buch.

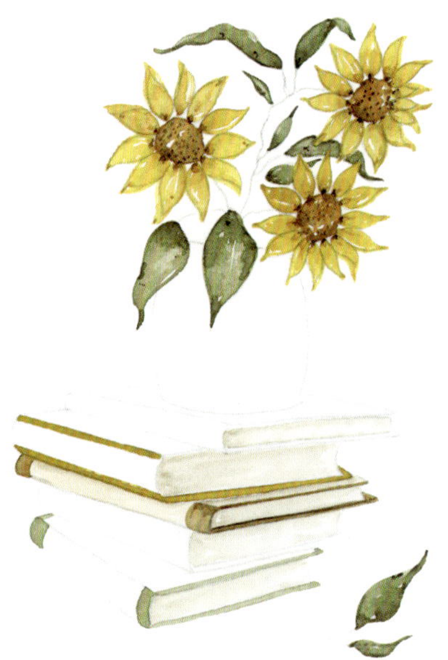

3 Nun kommt die Vase in Mahagonibraun dran. Achte aber drauf, dass alles andere gut getrocknet ist. Am unteren Teil und neben den Blättern kannst du ein wenig mehr Pigment hinzugeben und so schon etwas Schatten andeuten. Auf dem Cover des Buches, welches du mit Gelb gemalt hast, kannst du in verschiedenen Abstufungen von Mahagonibraun und Gelb einen Blumenstrauß andeuten. Außerdem kannst du direkt noch einem weiteren Buch seine Farbe geben.

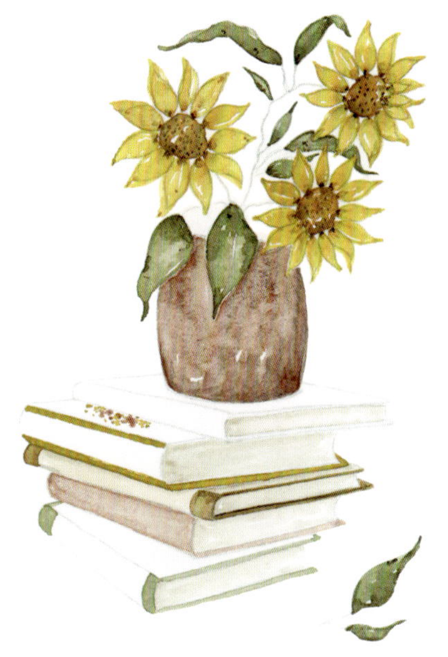

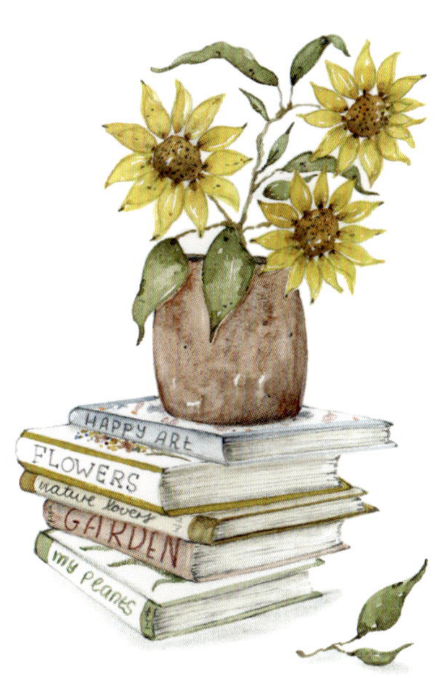

4 Mit einem hellen Paynesgrau bläulich malst du nun das oberste Buch. Mit Umbra grünlich setzt du die Stiele und die obere Kante an der Vase. Zeichne nun noch mit Buntstiften einige Verzierungen auf die Buchcover. Den Abschluss machen Bleistift und Papierwischer: Beschrifte die Bücher, setze einige Akzente und ziehe vor allem die Buchseiten ein wenig nach. An der Innenseite, wo der Buchrücken ist, kannst du den Bleistift ein bisschen mit dem Papierwischer verblenden.

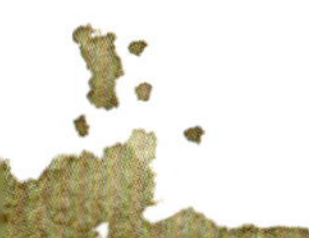

Die Tulpenvase

In einer Vase auf einem alten Tisch steht er da: ein Strauß Tulpen, der Frühlingsfreude ausstrahlt. Seine leuchtenden Farben verleihen dem Raum ein lebendiges Flair. Ein Symbol der Schönheit und doch so vergänglich.

Farben

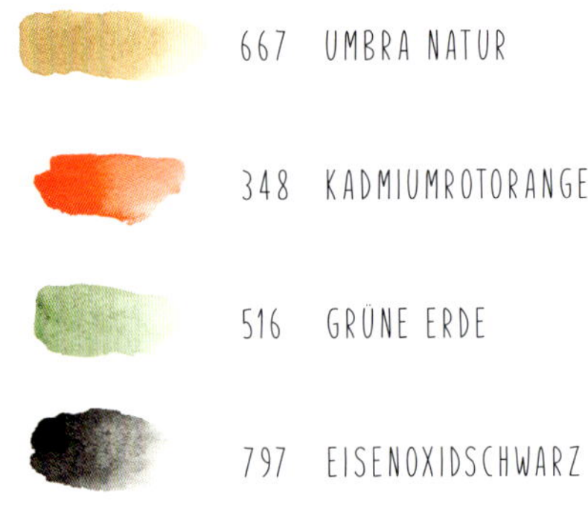

Materialien

Papier
- ✓ Hahnemühle Expression

Pinsel
- ✓ 6er-Rundpinsel

Stifte
- ✓ Druckbleistift
- ✓ Papierwischer
- ✓ Buntstifte

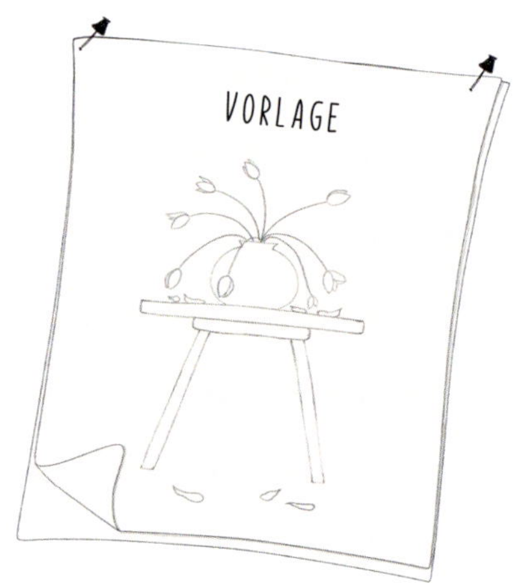

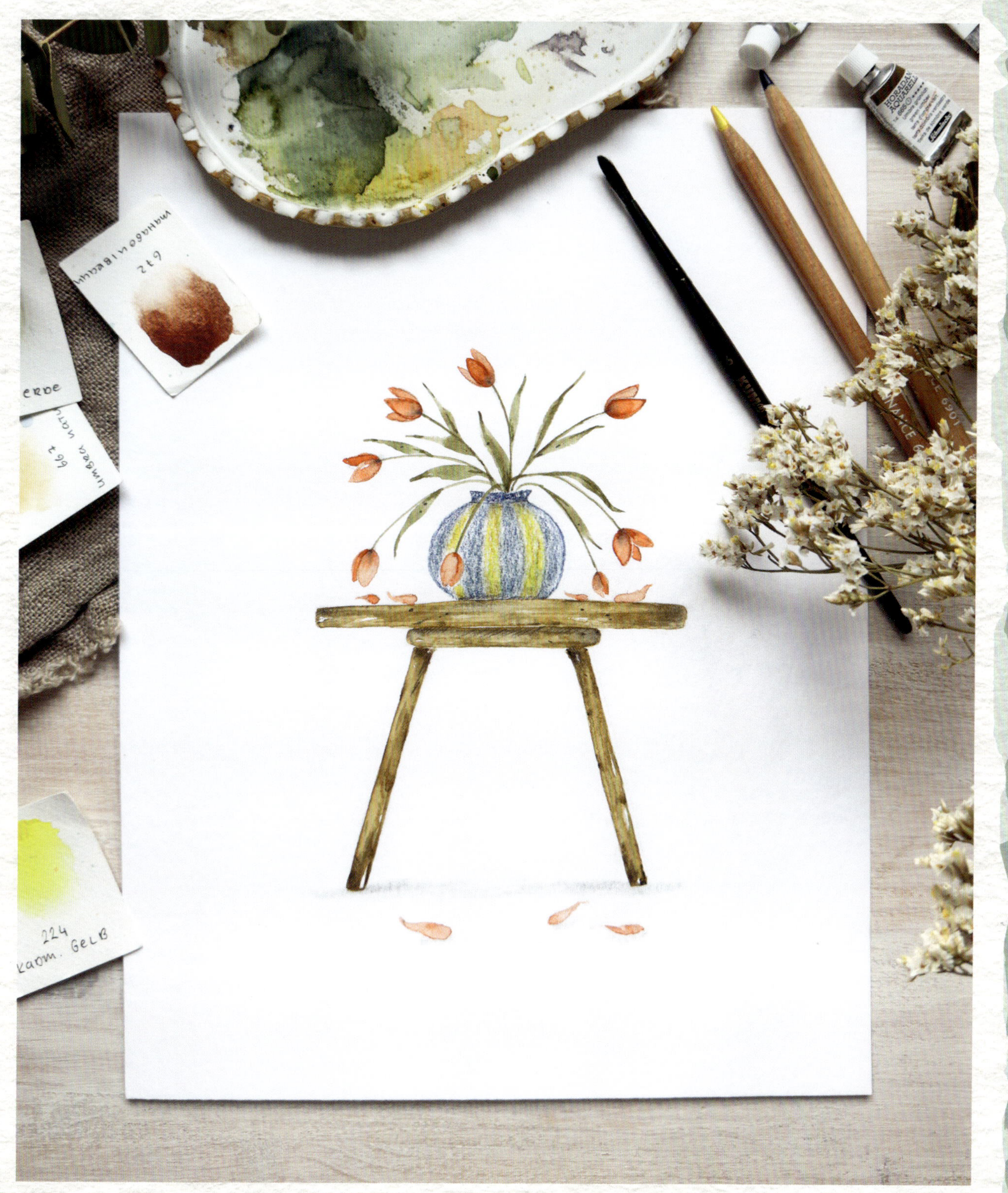
ERDE
224
KADM. GELB

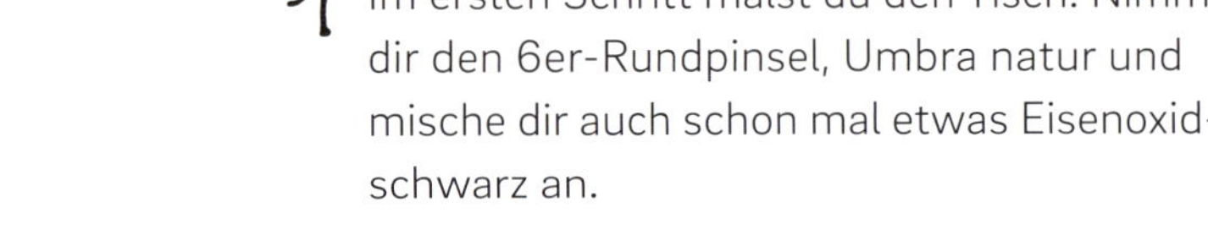

1 Im ersten Schritt malst du den Tisch. Nimm dir den 6er-Rundpinsel, Umbra natur und mische dir auch schon mal etwas Eisenoxidschwarz an.

Male die einzelnen Elemente des Tisches separat voneinander. Die erste Schicht besteht aus Umbra natur. Arbeite etwas nasser. An den Ecken und Kanten kannst du, solange die Farbe noch nass ist, etwas von dem Eisenoxidschwarz dazugeben.

So machst du das mit jedem der Elemente.

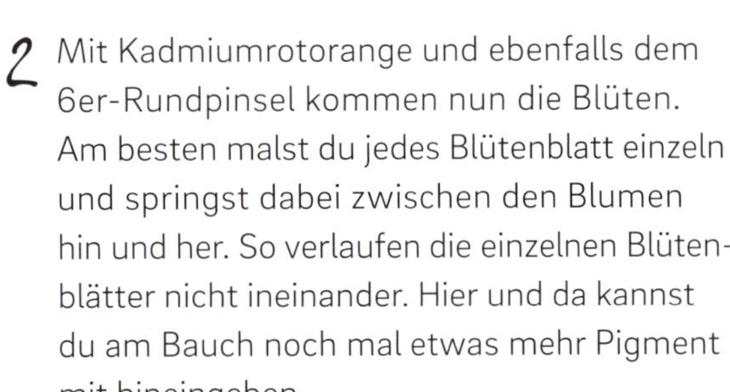

2 Mit Kadmiumrotorange und ebenfalls dem 6er-Rundpinsel kommen nun die Blüten. Am besten malst du jedes Blütenblatt einzeln und springst dabei zwischen den Blumen hin und her. So verlaufen die einzelnen Blütenblätter nicht ineinander. Hier und da kannst du am Bauch noch mal etwas mehr Pigment mit hineingeben.

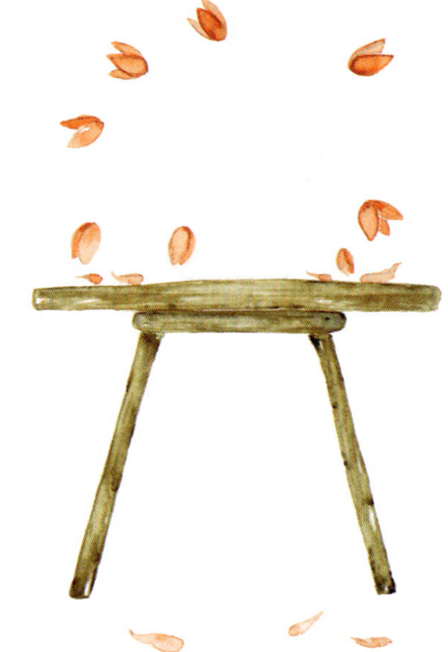

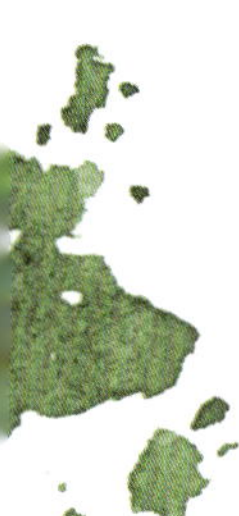

3 Nun kommen die Stiele und die Blätter. Schaue aber vorher, dass deine Blüten gut getrocknet sind. Nimm dir Grüne Erde und töne die Farbe ein bisschen mit Umbra natur ab. Ziehe erst mit wenig Druck die einzelnen Stiele. Wenn du deinen Pinsel noch nicht so gut kontrollieren kannst, kannst du hierfür auch auf einen kleineren Rundpinsel wechseln. Die Blätter solltest du dann aber wieder mit dem 6er-Rundpinsel einfügen.

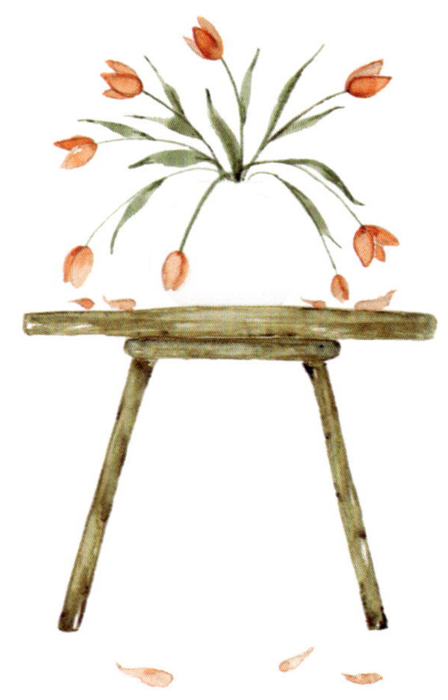

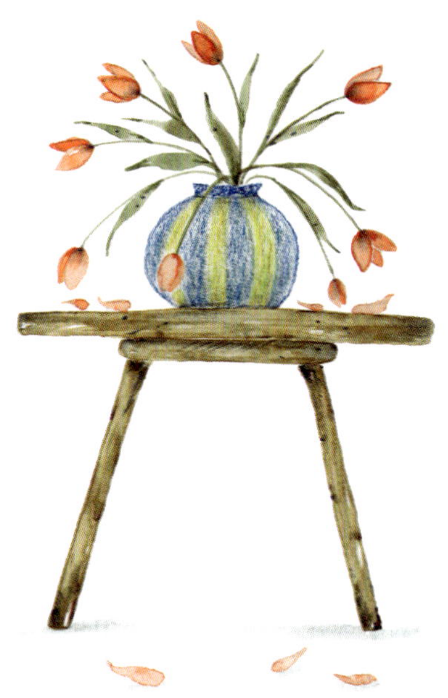

4 Die Vase malst du anschließend mit einem gelben und einem blauen Buntstift aus. Natürlich kannst du auch Aquarellfarbe nehmen, wenn dir das lieber ist. Durch die Buntstifte bekommst du allerdings eine ganz andere Struktur, welche dieses recht einfache Motiv sehr spannend macht. Mit einem Bleistift setzt du zum Schluss noch ein paar Akzente und Schatten.

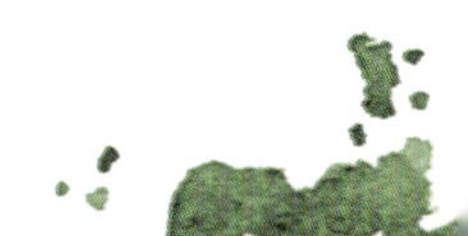

Das Wohnzimmer

So ein altes Sideboard ist ein Klassiker. Bei vielen steht eines zu Hause und findet für die unterschiedlichsten Dinge Verwendung. Manche nutzen es als Minibar, manche vielleicht als Kleiderschrank und andere als TV-Schrank. Wofür würdest du es nutzen?

Farben

665 UMBRA GRÜNLICH

672 MAHAGONIBRAUN

348 KADMIUMROTORANGE

224 KADMIUMGELB

787 PAYNESGRAU BLÄULICH

797 EISENOXIDSCHWARZ

893 GOLD

Materialien

Papier
- ✓ Hahnemühle Expression

Pinsel
- ✓ 8er-Verwaschpinsel
- ✓ 6er-Rundpinsel
- ✓ 4er-Flachpinsel
- ✓ 2er-Schlepper

Stifte
- ✓ Druckbleistift
- ✓ Papierwischer
- ✓ Buntstifte

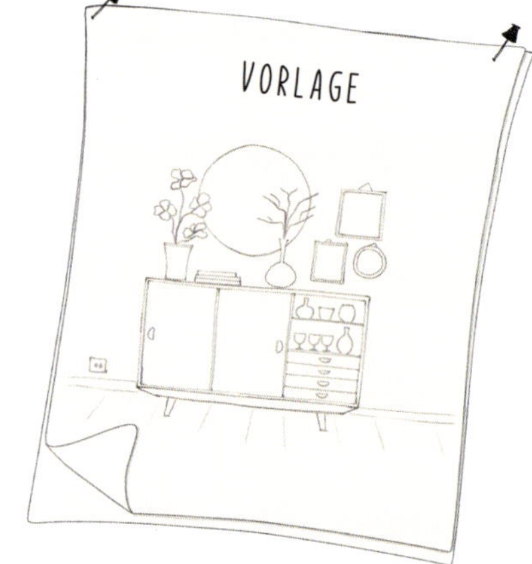

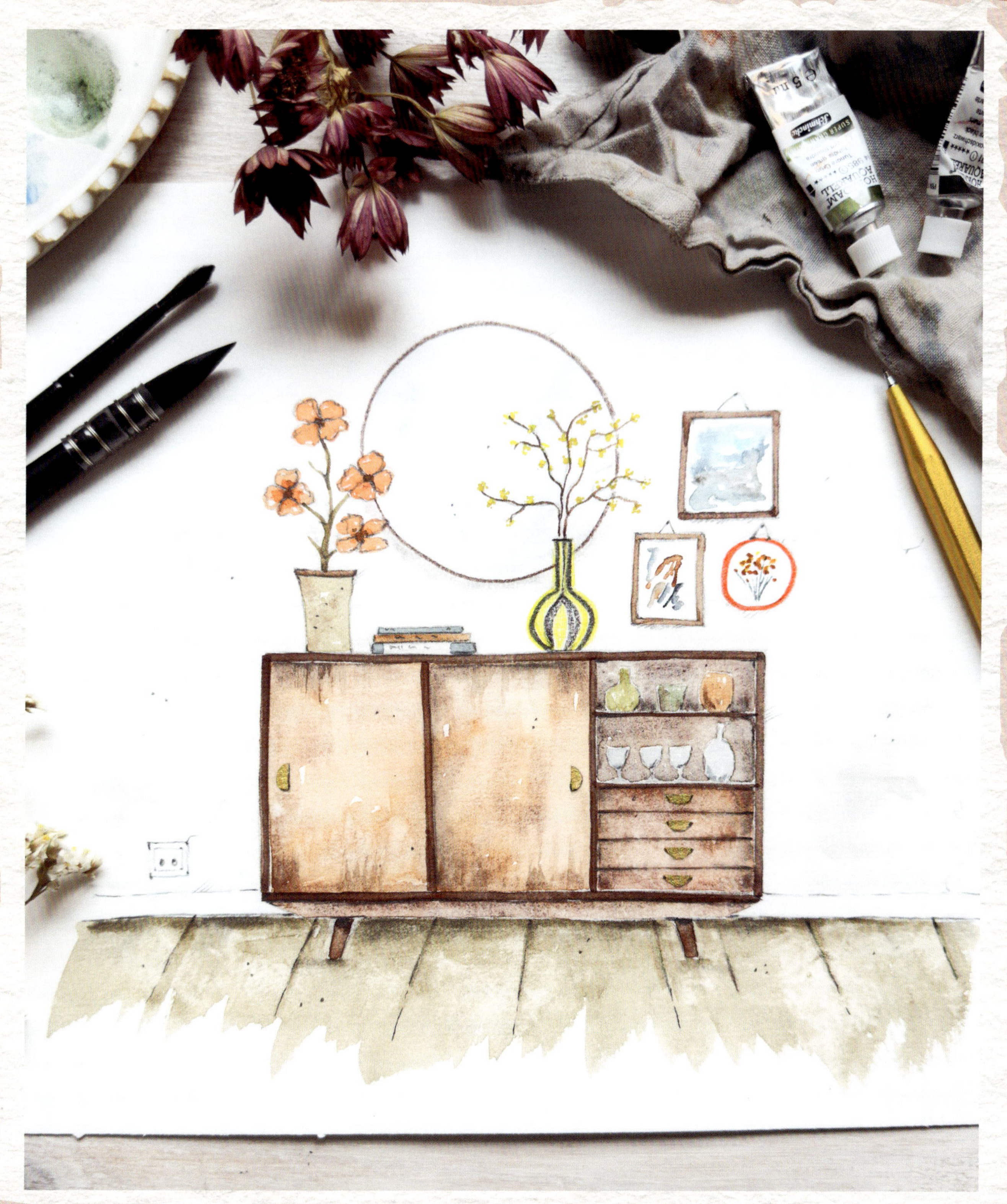
5 ml
Schmincke
AQUARELL

1 Nimm dir den Verwaschpinsel und mische verdünntes Eisenoxidschwarz und Umbra grünlich an. Mit dem verdünnten Eisenoxidschwarz gibst du ein paar Tupfer auf die Wand und mit dem verdünnten Umbra grünlich grundierst du den Boden. Gehe hierbei in Streifen von oben nach unten vor. So deutest du schon erste Strukturen an.

2 Nimm dir nun den 6er-Rundpinsel und etwas Mahagonibraun. Damit kannst du die Front des Sideboards malen. Arbeite ruhig etwas nasser und gib an den Ecken hier und da noch etwas mehr Pigment hinzu. Achte allerdings darauf, dass du dich Teil für Teil voranarbeitest. Also erst die eine Tür, dann die andere Tür und dann die Schubladen. Zwischen den einzelnen Elementen sollte immer ein wenig Platz bleiben.

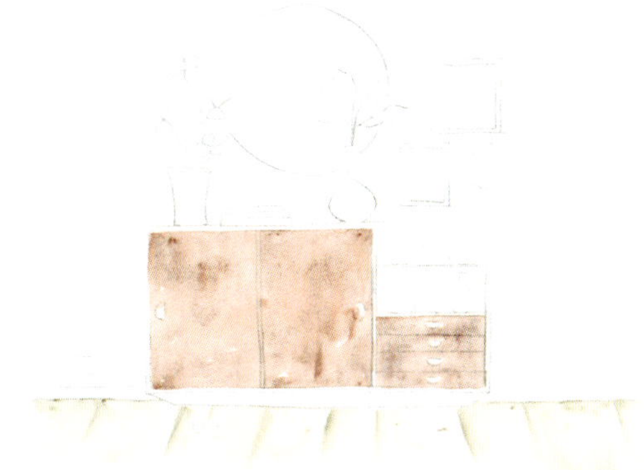

3 Während die Front trocknet, kannst du die quadratischen Bilderrahmen ebenfalls in Mahagonibraun malen. Aber pass auf, dass du mit der Hand nicht auf die nasse Fläche kommst. Mit ein paar Farbresten aus deinem Kasten kannst du direkt im Anschluss abstrakte Motive in die Rahmen setzen. Den runden Bilderrahmen malen wir am Schluss mit Buntstift, hier kannst du aber schon mal mit Kadmiumrotorange ein paar Blüten im Bild andeuten.

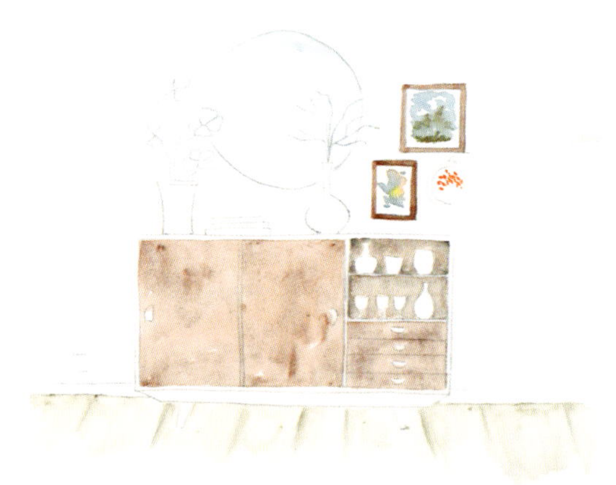

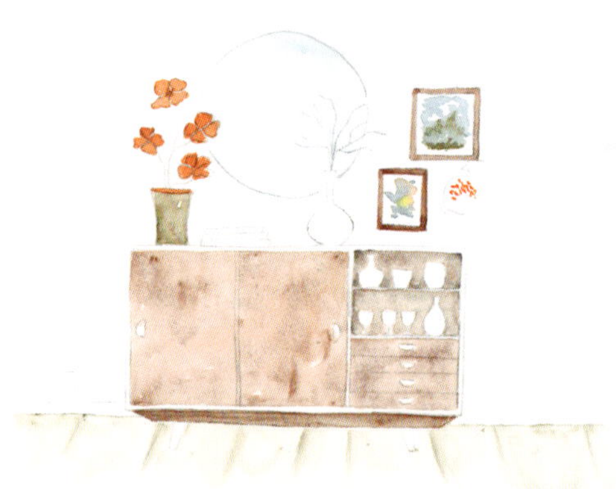

4 Nun kommt erst mal die linke Vase in Umbra grünlich dran. Wenn dann wirklich alles gut an deinem Sideboard getrocknet ist, kannst du unten den Sockel malen. Hierfür nutzt du weiterhin den 6er-Rundpinsel und Mahagonibraun. In der Zwischenzeit sollte die Vase schon etwas getrocknet sein und du kannst in Kadmiumrotorange erst die Blüten und dann oben eine kleine Verzierung an die Vase malen. Im Anschluss gibst du nochmals mit wirklich sehr wenig Mahagonibraun in schraffierenden Bewegungen etwas Struktur auf die Front des Sideboards.

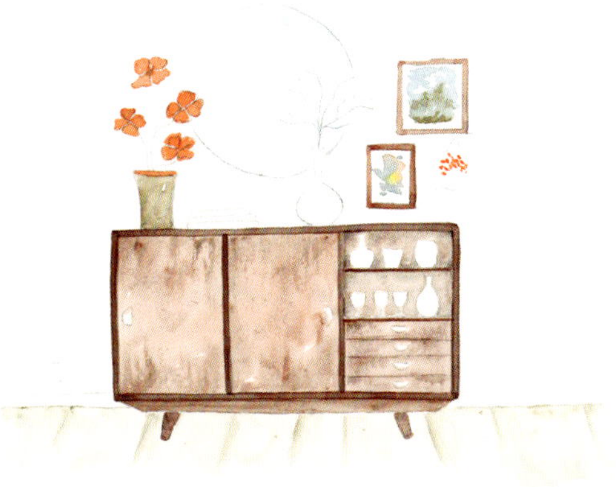

5 Nun brauchst du ein ruhiges Händchen. Nimm dir den 4er-Flachpinsel und halte ihn um 90 Grad gedreht, sodass er mit der schmalen Seite zum Papier zeigt. Wenn du einen kleineren Flachpinsel hast, kannst du natürlich auch gerne diesen nehmen. Als Farbe nimmst du dir etwas pigmentierteres Mahagonibraun und ziehst damit alle Leisten an dem Sideboard. Atmen nicht vergessen. Wenn du das geschafft hast, setze noch schnell die kleinen Beine.

6 Entspannung ist leider noch nicht angesagt, denn jetzt nimmst du dir den 2er-Schlepper und malst damit die Gläser in ganz hellem Paynesgrau bläulich und die Vasen in Kadmiumgelb. Ebenfalls in Kadmiumgelb tupfst du ein paar Blüten oben bei den Blumen. Wenn du Gold als Aquarellfarbe besitzt, dann nimm dir den 6er-Rundpinsel und male damit die Griffe an dem Sideboard. Wenn nicht, würde ganz dunkles Eisenoxidschwarz auch gut aussehen. Außerdem kannst du mit deinem Rundpinsel und Farbresten die Bücher malen.

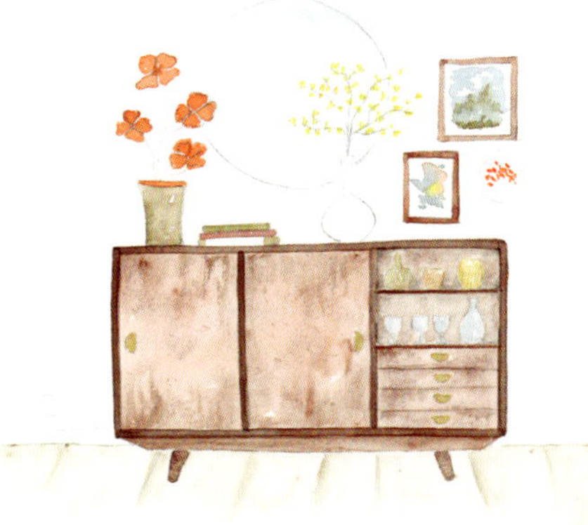

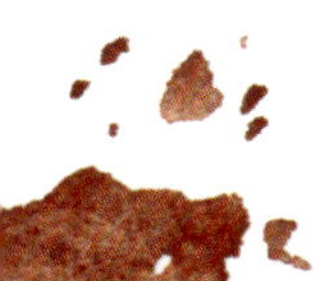

7 Genauso wie du die Struktur an den Fronten kreiert hast, malst du nun die Struktur auf dem Boden. Einziger Unterschied: Du nimmst statt des Rundpinsels den Verwaschpinsel und als Farbe Umbra grünlich. Nun tausche den Verwaschpinsel gegen den Schlepper aus und male mit derselben Farbe die Äste bzw. Stiele der Pflanzen.

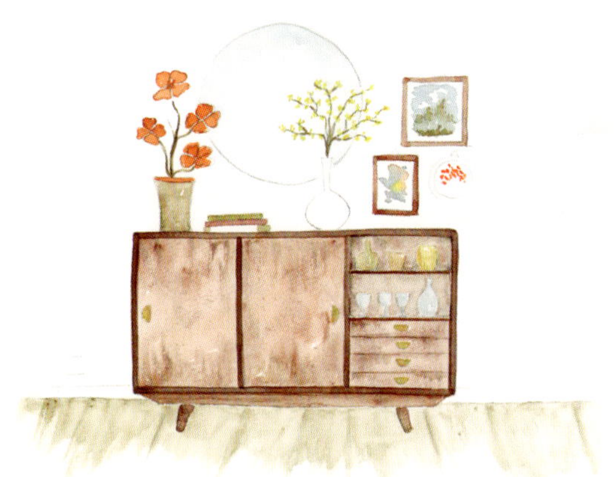

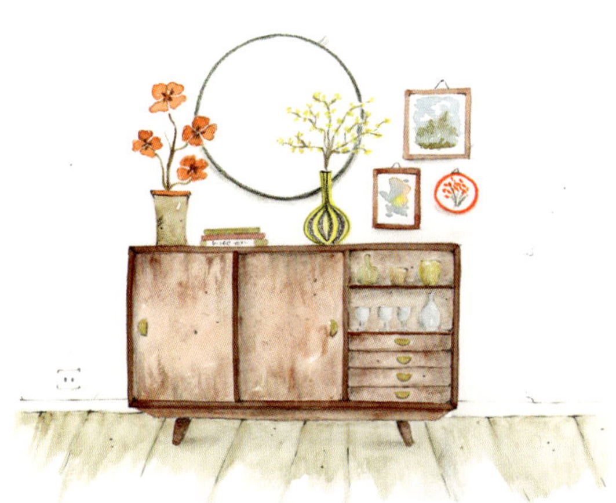

8 Wenn du magst, kannst du deine Pinsel jetzt beiseitelegen, und mit Bunt- und Bleistift weitermachen. Male den Rahmen des Spiegels mit Schwarz, den kleinen runden Bilderrahmen mit Rot und die Vase gelb-schwarz gestreift. Außerdem kannst du bei dem Bild mit den roten Blüten in Grün ein paar Stiele einfügen. Wenn du damit fertig bist, kommt der Bleistift an die Reihe. Setze überall Schatten, wo sie vonnöten sind, zum Beispiel unterhalb der oberen Leiste, unterhalb des Spiegels und der Bilder. Um Schatten mit Bleistift darzustellen, schraffierst du die Stellen ganz leicht und kannst im Anschluss mit dem Papierwischer verblenden. Dadurch bekommst du eine besonders fantastische Struktur aufs Papier. Nun kannst du noch an manchen Ecken und Kanten mit dem Bleistift dunkle Akzente setzen, zum Beispiel einige Risse in der Wand andeuten, Fußleisten ziehen und auch die einzelnen Bodendielen andeuten. Nicht zu vergessen natürlich auch die Steckdose in der Wand.

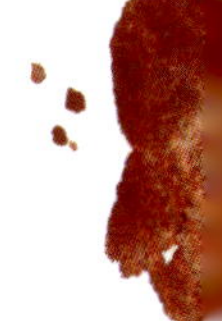

Die Bilderwand

Dieses Motiv soll deine kreative Unabhängigkeit wecken. Ganz ohne Vorgaben. Nur du und deine Kreativität. Lässt du dich drauf ein?

Farben

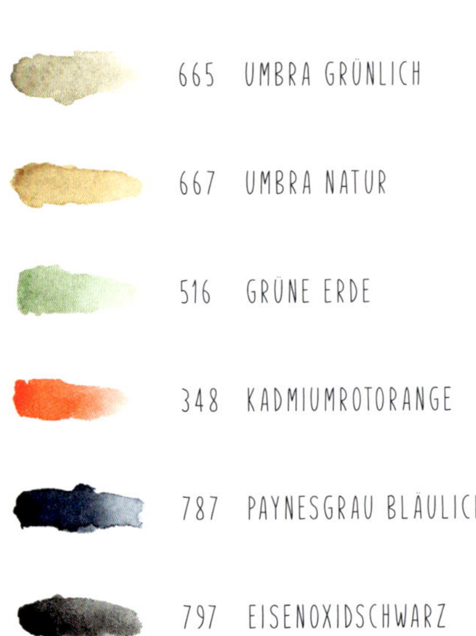

665 UMBRA GRÜNLICH

667 UMBRA NATUR

516 GRÜNE ERDE

348 KADMIUMROTORANGE

787 PAYNESGRAU BLÄULICH

797 EISENOXIDSCHWARZ

Materialien

Papier

✓ Hahnemühle Expression

Pinsel

✓ 8er-Verwaschpinsel
✓ 6er-Rundpinsel

Stifte

✓ Druckbleistift
✓ Papierwischer
✓ Buntstifte

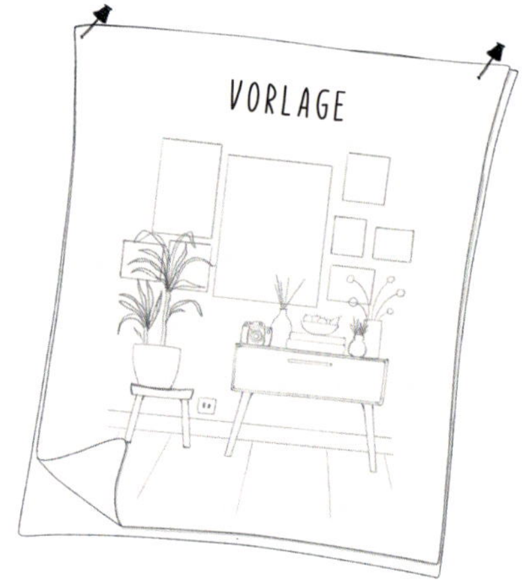

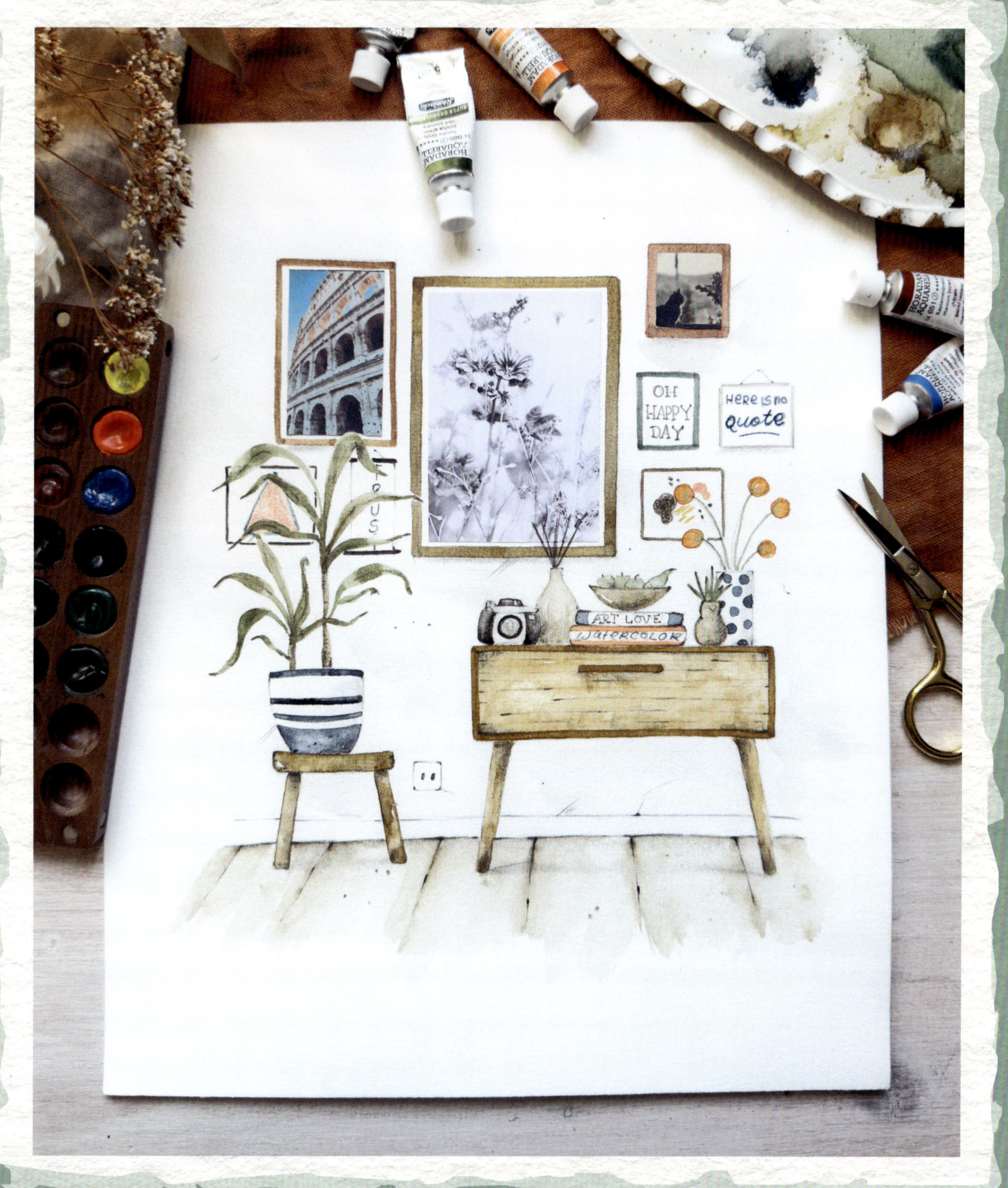
OH HAPPY DAY
Here is no quote
ART LOVE
watercolor

1 Als Erstes kommt, wie fast immer, der Verwaschpinsel zum Einsatz. Nimm dir stark verdünntes Eisenoxidschwarz und grundiere damit zunächst die Wand in einem fleckigen Look. Danach kommt der Boden in verdünntem Umbra grünlich dran. Direkt im Anschluss kannst du noch mal mit etwas dunklerem Umbra grünlich die einzelnen Bodendielen andeuten.

2 Im nächsten Schritt nimmst du dir deinen 6er-Rundpinsel und etwas Umbra natur. Damit malst du zunächst die Konsole aus, inklusive der Beine. Gib, solange die Farbe noch nass ist, an den Ecken und Kanten direkt etwas Eisenoxidschwarz hinzu. Als Nächstes ist, auf dieselbe Art und Weise, der Hocker dran. Erst Umbra natur und im Anschluss Eisenoxidschwarz an den Ecken.

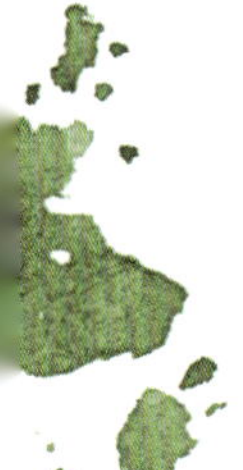

Wenn deine Konsole gut getrocknet ist, malst du mit etwas dunklerem Umbra natur die Umrandung und den Griff. Das kannst du, wenn du magst, auch mit deinem 6er-Rundpinsel machen. Alternativ würde sich hier ein Flachpinsel anbieten.

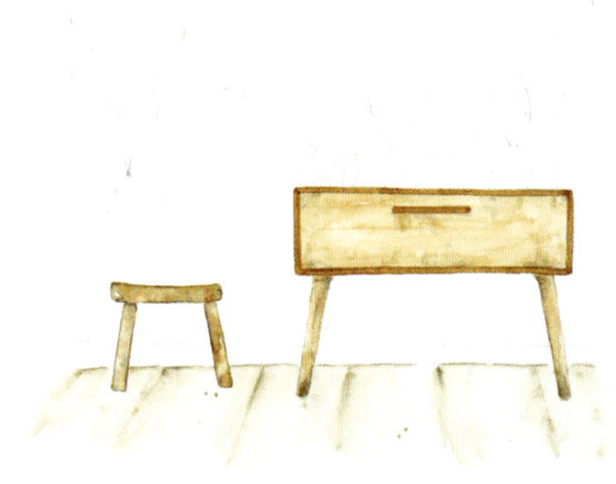

3 Warte nun, bis alles gut trocken ist und schnapp dir als Erstes dein Paynesgrau bläulich. Hiermit kannst du jetzt den Blumentopf, das obere Buch und die hintere Vase rechts malen. Als Pinsel nimmst du hier auch den 6er-Rundpinsel. Sollte es dir zu filigran sein, kannst du natürlich auch einen kleineren wählen. Danach malst du direkt noch mit Umbra grünlich die Flasche, die Obstschale und die kleine Vase aus. Achte darauf, dass die blauen Elemente trocken sind, damit die Farben nicht ineinander verlaufen.

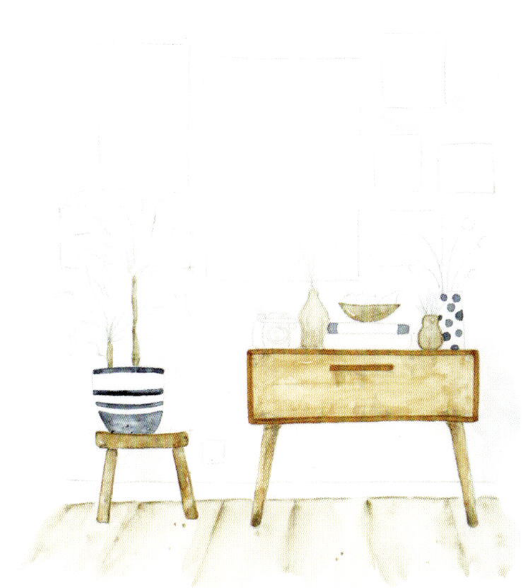

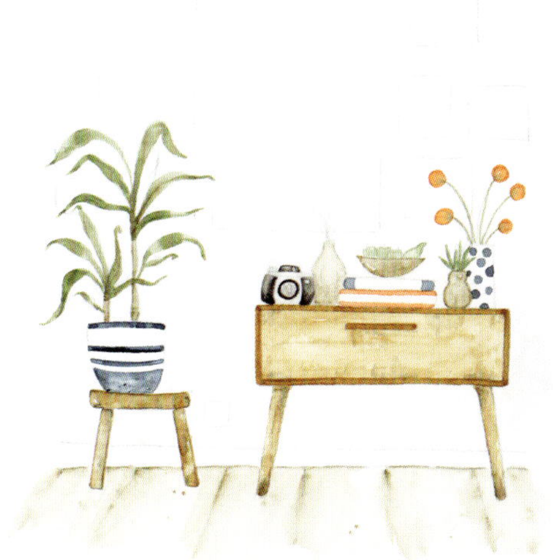

4 Am besten wartest du jetzt erst wieder kurz, bis deine ersten Dekoelement getrocknet sind. Dann kannst du die Pflanzen in einer Mischung aus Grüne Erde und Umbra grünlich malen. Das Obst erhält im Anschluss einen Anstrich mit reiner Grüne Erde. Die Kamera kannst du mit Eisenoxidschwarz malen. Achte hier darauf, den einzelnen Elementen unterschiedliche Farbabstufungen zu geben. Außerdem kommen noch die Blumen und das zweite Buch in Kadmiumrotorange dazu.

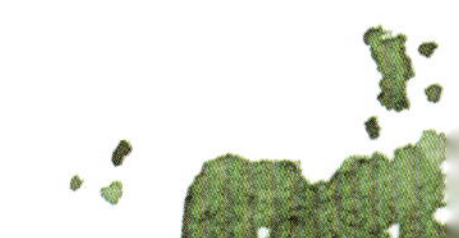

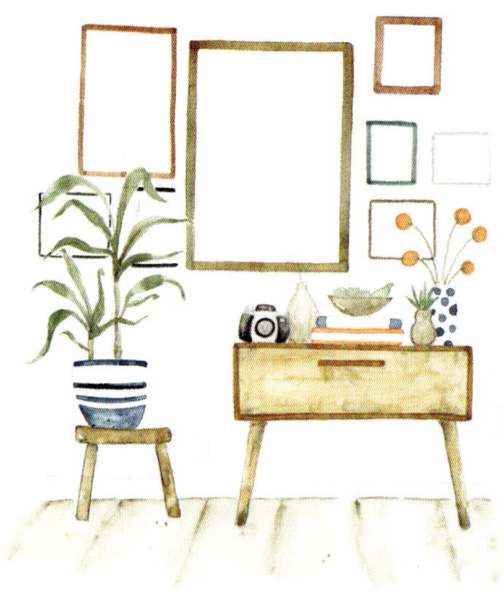

5 Der fünfte Schritt geht ganz schnell. Nimm dir die Farbreste, die du auf deiner Palette hast, und male damit die Bilderrahmen. Variiere hier zwischen dick und dünn, um die Wand besonders lebendig zu gestalten.

6 Wenn auch hier wieder alles gut getrocknet ist, kommen Bleistift und Papierwischer dran. Schraffiere zunächst überall ein wenig Schatten und verblende das Grafit dann mit dem Papierwischer. Du kannst auch noch einige Details herausarbeiten, wie zum Beispiel die Bodendielen noch etwas mehr betonen. Natürlich kommen auch wieder ein paar kleine Punkte und Risse auf die Wand. Vergiss nicht, deine Bücher zu beschriften und die Steckdose zu zeichnen.

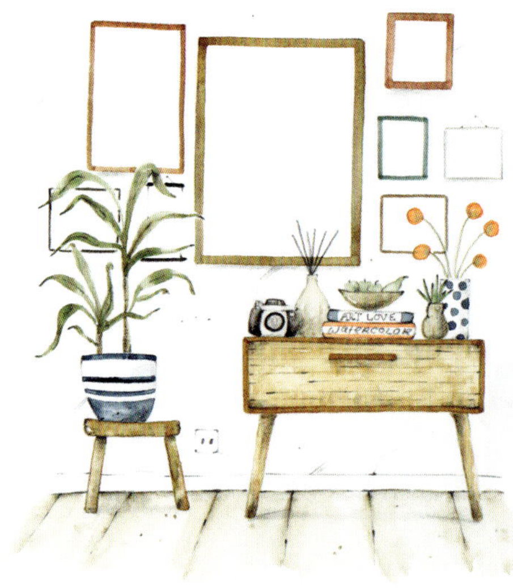

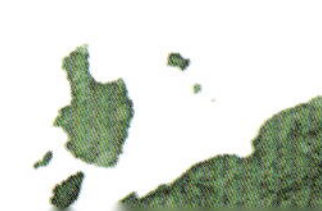

7 Nachdem du mit Bleistift und Papierwischer überall Schatten gesetzt und die letzten Details ergänzt hast, ist deine Kreativität gefragt! Male die Bilder so, wie du magst. Ob abstrakt oder fein, oder vielleicht schneidest du auch einige Fotos aus und klebst sie ein. Hier sind dir keine Grenzen gesetzt.

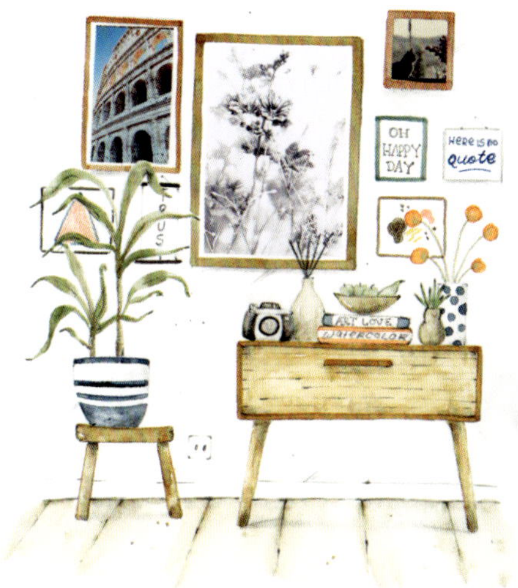

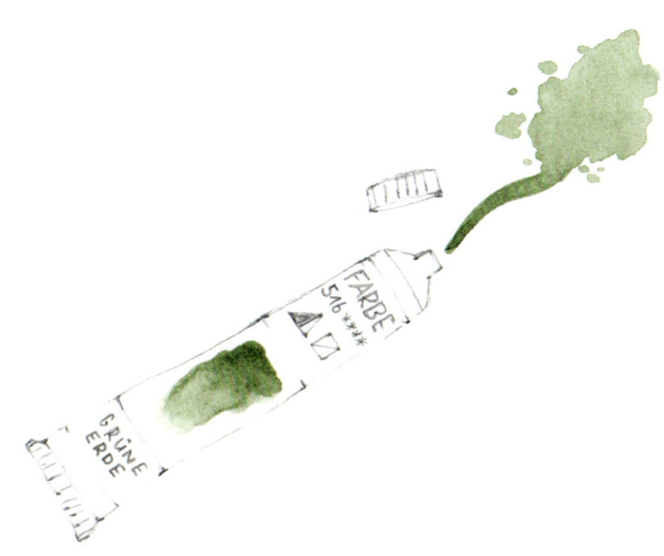

Die Garderobe

Eine Garderobe mit einem Regenmantel und Wanderschuhen: Sie stehen bereit für das nächste Abenteuer, für das Erkunden neuer Wege. Der Mantel leuchtet fröhlich, trotzt Regen und Wind. Eine Garderobe voller Vorfreude, bereit für jedes Wetter und jede Tour; hier beginnt das Abenteuer, Schritt für Schritt, pur.

Farben

651 KASTANIENBRAUN

665 UMBRA GRÜNLICH

224 KADMIUMGELB

791 EISENOXIDSCHWARZ

Materialien

Papier

✓ Hahnemühle Expression

Pinsel

✓ 8er-Verwaschpinsel
✓ 6er-Rundpinsel

Stifte

✓ Druckbleistift
✓ Papierwischer
✓ Buntstifte

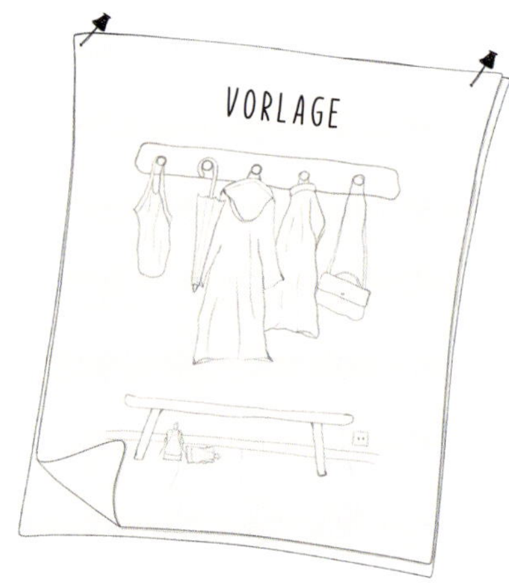

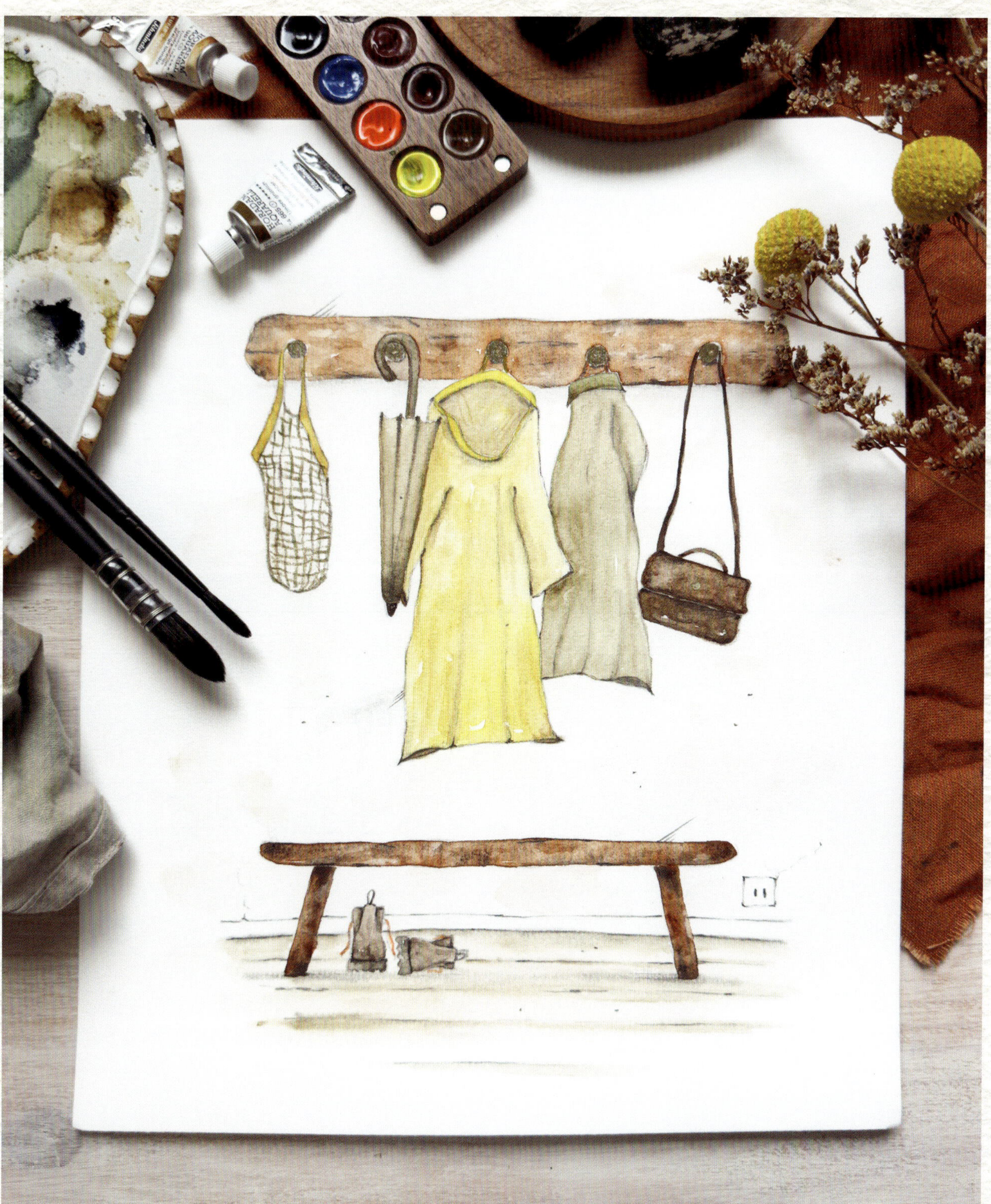

1 Nimm dir den Verwaschpinsel und mische dir als Erstes etwas Umbra grünlich an, am besten etwas heller. Damit grundierst du nun die Wand. Achte darauf, dass du die Grundierung eher fleckig und nicht flächig aufträgst. Als Nächstes kannst du ein wenig mehr Pigment hinzugeben und den Boden grundieren. Gehe dabei immer von links nach rechts, so bekommst du direkt eine streifige Holzstruktur. Im Anschluss kannst du stellenweise direkt noch mal mit etwas mehr Pigment einzelne Linien ziehen, um die Bohlen anzudeuten.

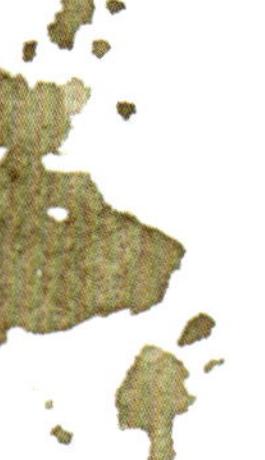

2 Lass Boden und Wand gut trocknen und nimm dir dann den 6er-Rundpinsel zur Hand. Als Farben mischst du dir Kastanienbraun und etwas Eisenoxidschwarz separat voneinander an. Male nun als Erstes oben die Garderobenleiste und gib zwischendurch immer wieder etwas Eisenoxidschwarz hinzu, vorzugsweise an den Kanten. Das Gleiche kannst du unten bei der Bank machen: Erst mit Mahagonibraun grundieren und dann an Ecken und Kanten immer wieder etwas Eisenoxidschwarz hinzugeben. Bei beiden Teilen kannst du ruhig etwas nasser malen.

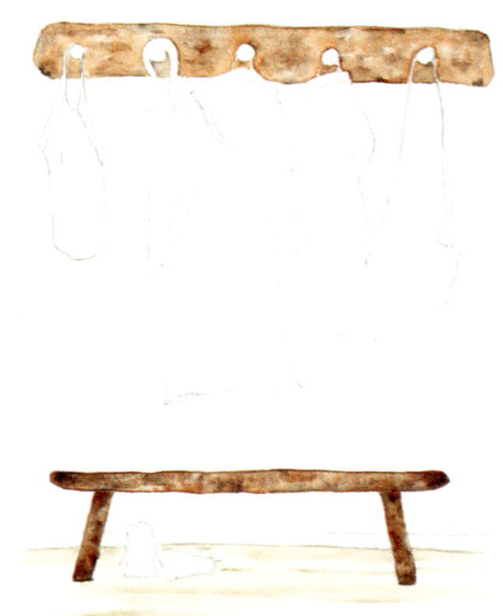

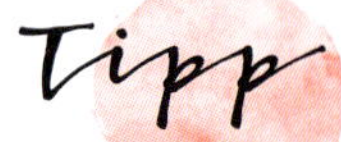

Tupfe zwischendurch mit einem Tuch in die Farbe, um ein wenig Pigment abzutragen und eine Holzstruktur anzudeuten. Im Anschluss kannst du wieder etwas Farbe hinzugeben und bekommst so eine schöne Oberfläche.

3 Töne dir nun etwas Kadmiumgelb mit Umbra natur ab, sodass es nicht mehr grell wirkt, und male damit den Regenmantel an. Hierbei kannst du stellenweise etwas Schatten, zum Beispiel an den Ärmeln, andeuten. Gehe dafür einfach noch mal mit der Farbe an die Stellen, wo du Schatten setzen willst. Dort, wo der Mantel besonders dunkel sein soll, wie im Inneren der Ärmel, musst du etwas warten, bis der Mantel trocken ist, sonst verläuft alles ineinander. Vergiss nicht, das Bündchen der linken Tasche zu malen.

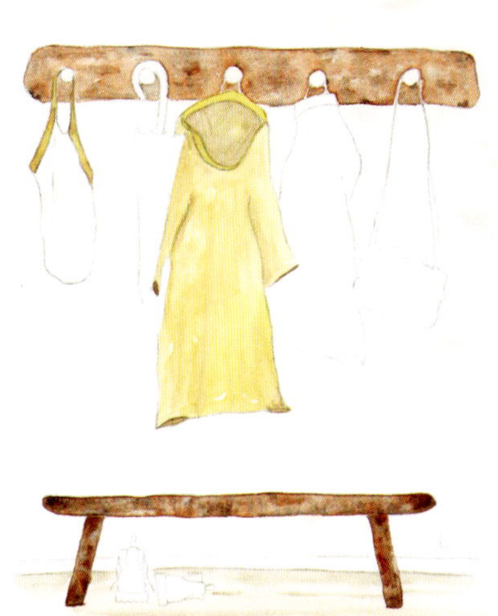

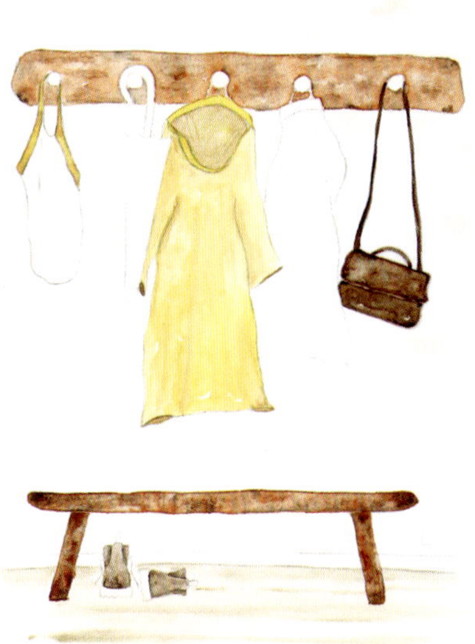

4 Nun kannst du dir Umbra natur zusammen mit Eisenoxidschwarz anmischen und damit die Tasche und die Schuhe malen. Bei den Schuhen bietet es sich auf jeden Fall wieder an, das Pigment etwas wegzutupfen, um eine ledrige Struktur zu erzeugen. Das Gleiche kannst du bei der Tasche machen, allerdings hier nicht so extrem. Solltest du doch einmal etwas zu viel Pigment weggetupft haben, kannst du ganz einfach wieder eine neue Schicht Farbe auftragen.

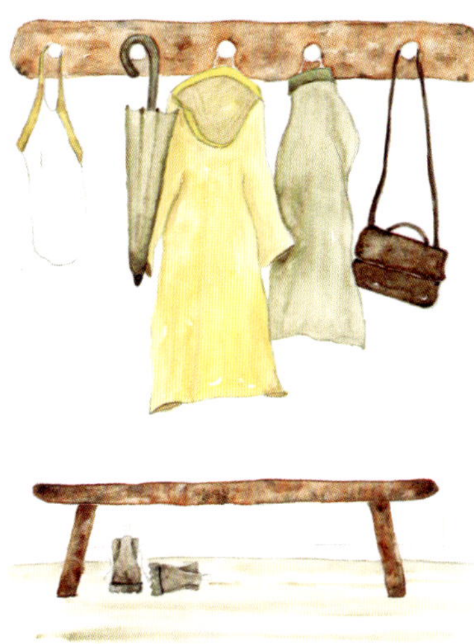

5 Jetzt mischst du dir Umbra grünlich und ein bisschen Grüne Erde zusammen und grundierst damit den zweiten Mantel und den Regenschirm. Solange die Farbe noch nass ist, kannst du an manchen Stellen etwas Schatten oder vielleicht auch Dreck reintupfen. Hierfür dunkelst du die Farbe einfach mit ein wenig mehr Umbra grünlich ab und gibst sie dann aufs Papier. Im Anschluss kannst du mit deiner Farbmischung noch die Sohlen der Schuhe malen und, wenn der Schirm getrocknet ist, noch dessen Griff.

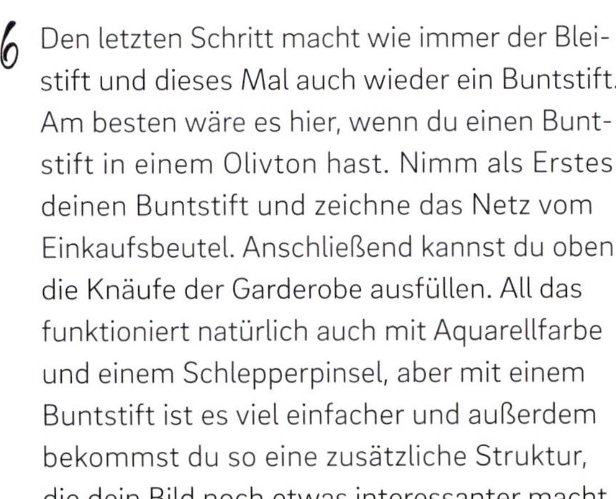

6 Den letzten Schritt macht wie immer der Bleistift und dieses Mal auch wieder ein Buntstift. Am besten wäre es hier, wenn du einen Buntstift in einem Olivton hast. Nimm als Erstes deinen Buntstift und zeichne das Netz vom Einkaufsbeutel. Anschließend kannst du oben die Knäufe der Garderobe ausfüllen. All das funktioniert natürlich auch mit Aquarellfarbe und einem Schlepperpinsel, aber mit einem Buntstift ist es viel einfacher und außerdem bekommst du so eine zusätzliche Struktur, die dein Bild noch etwas interessanter macht.

Mit dem Bleistift betonst du am Schluss noch all die Falten an den Stoffen und setzt vor allen Dingen natürlich auch wieder ein paar kleine Risse in die Wand, die Fußleiste und nicht zu vergessen, die Steckdose.

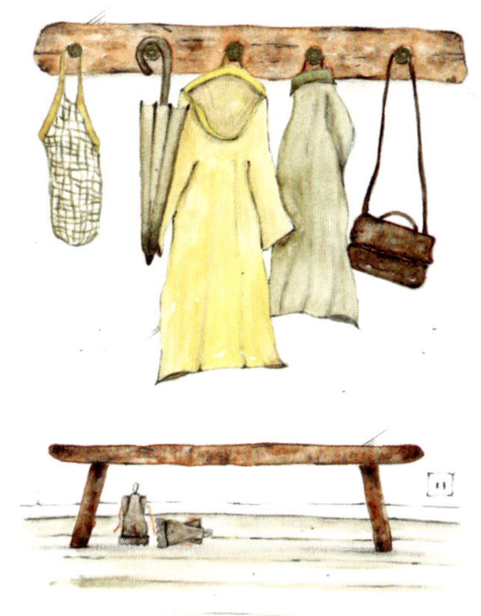

Holzstruktur

Wie du ja im Grundlagenteil schon gesehen hast, male ich Holzstrukturen gerne mit meiner Tupftechnik. Du kannst das aber auch etwas „realistischer" ausarbeiten. Dafür habe ich dir hier eine kleine Schritt-für-Schritt-Anleitung geschrieben.

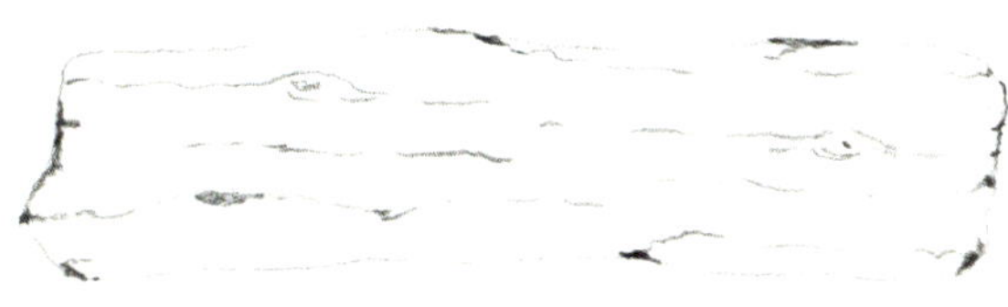

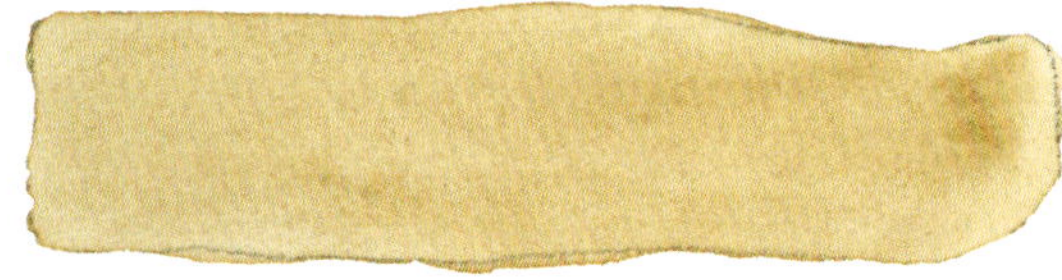

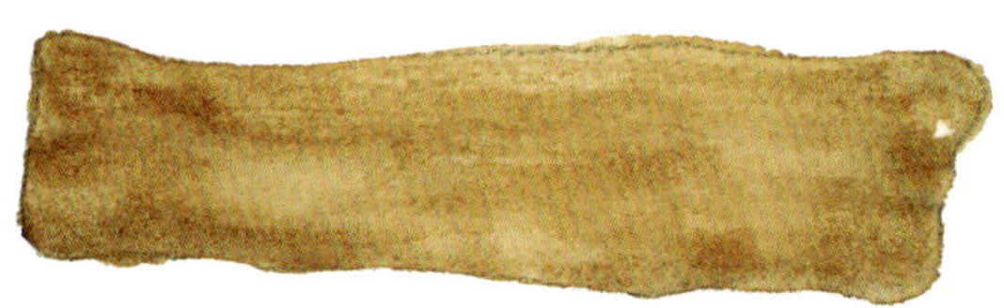

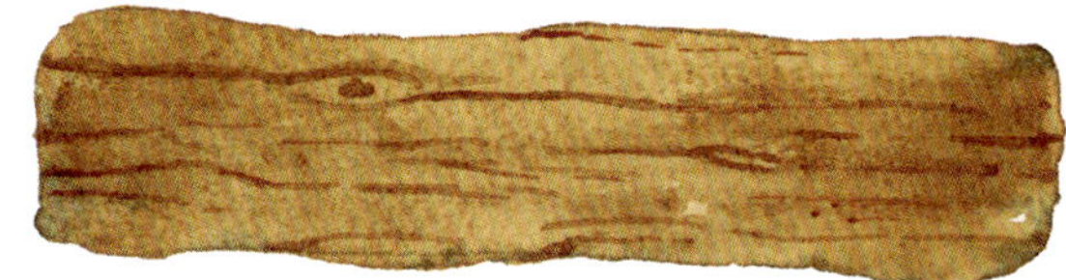

SCHRITT 1

An erster Stelle steht natürlich die Skizze. Durch sie kannst du schon mal ein bisschen Strukturen üben und schauen, wann es zu viel oder auch zu wenig ist.

SCHRITT 2

Wenn du weißt, wo die Reise hingehen soll, grundiere als Erstes das Holz gleichmäßig in einem Braun deiner Wahl.

SCHRITT 3

Wenn die erste Schicht trocken ist, kannst du eine zweite Schicht darübergeben und so etwas dunkler werden. Achte darauf, die zweite Schicht nicht zu akkurat aufzutragen, denn so bekommst du schon erste Strukturen. Gehe an manchen Stellen ruhig auch mehrmals mit Pigment drüber.

SCHRITT 4

Dunkle dein Braun ein wenig ab und ziehe mit einem Schlepper die Holzmaserung.

Wenn deine Maserungen getrocknet sind, dunkle das Braun noch mehr ab und ziehe einige der Maserungen noch mal nach. An den Kanten kannst du auch ein wenig Schwarz mit dazugeben. So betonst du die Struktur noch mal richtig schön und am Ende hast du ein tolles Stück Holz.

Die Trockenblumen

*Zarte Trockenblumen in einer alten Apothekerflasche.
Sie bewahren vergangene Erinnerungen, in einem Hauch von Nostalgie.
Ihre verblassten Farben erzählen eine Geschichte, die die Zeit überdauert.*

Farben

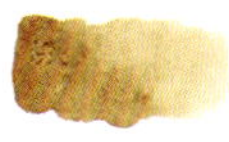 667 UMBRA NATUR

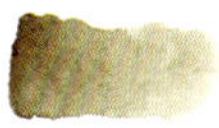 665 UMBRA GRÜNLICH

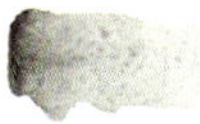 791 EISENOXIDSCHWARZ

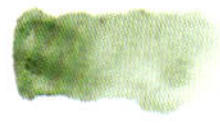 516 GRÜNE ERDE

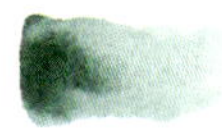 533 KOBALTGRÜN TIEF

Materialien

Papier
- ✓ Hahnemühle Expression

Pinsel
- ✓ 8er-Verwaschpinsel
- ✓ 6er-Rundpinsel
- ✓ 2er-Schlepper

Stifte
- ✓ Druckbleistift
- ✓ Papierwischer

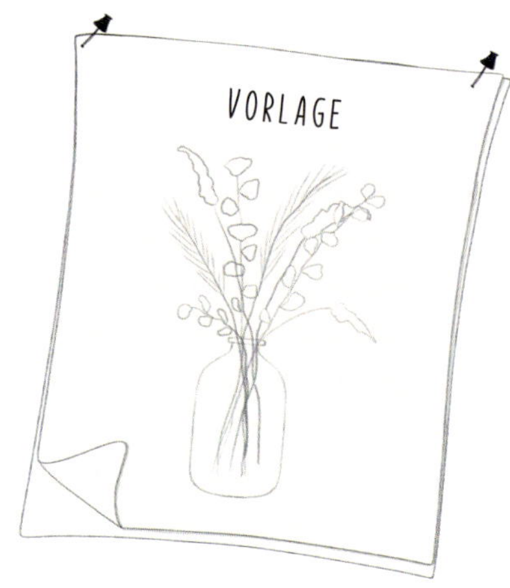

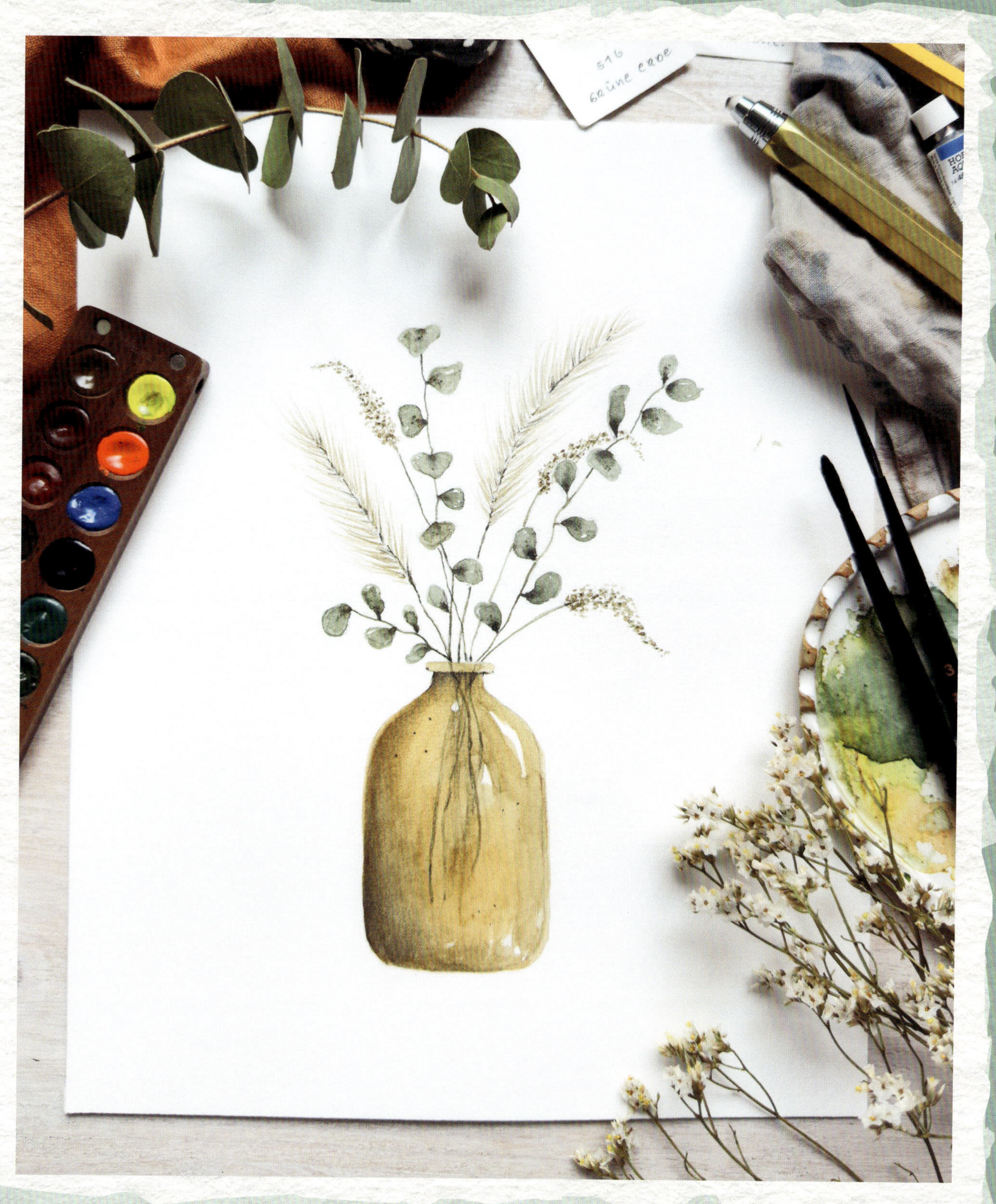

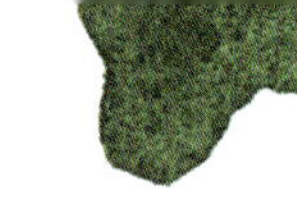

1 Mische dir Umbra natur mit ein wenig Eisenoxidschwarz an. Nimm anschließend deinen Verwaschpinsel und grundiere zunächst die Flasche in dem entstandenen Braun. Achte darauf, auf einer Seite einige Weißräume als Lichtreflexionen stehen zu lassen. Solange die Farbe noch nass ist, gibst du auf der anderen Seite ein wenig Eisenoxidschwarz hinzu, um den Schatten anzudeuten.

2 Nimm dir jetzt den 2er-Schlepper und verdünntes Umbra grünlich. Ziehe als Erstes die hellen Striche des Pampasgrases. Wenn diese trocken sind, kannst du nochmals einige Striche mit etwas mehr Pigment ziehen. Um noch mehr Tiefe zu bekommen, setze mit noch mehr pigmentiertem Umbra grünlich innen ein paar Punkte.

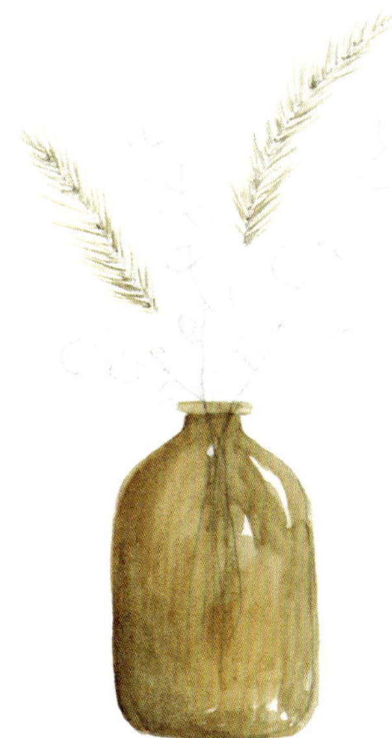

Tipp

Setze die ersten Striche des Pampasgrases in größeren Abständen und fülle dann die Zwischenräume. So bekommst du ganz leicht eine ausgeglichene Form.

3 Nimm dir nun den 6er-Rundpinsel und eine Mischung aus Umbra grünlich und Kobaltgrün tief. Damit malst du die einzelnen Eukalyptusblätter. In deren Mitte kannst du ab und an noch mal mit etwas Farbe reingehen. Achte darauf, die Formen der Blätter organisch und unregelmäßig zu halten. Anschließend tupfst du mit deinem Schlepper und Umbra grünlich die drei Puschel.

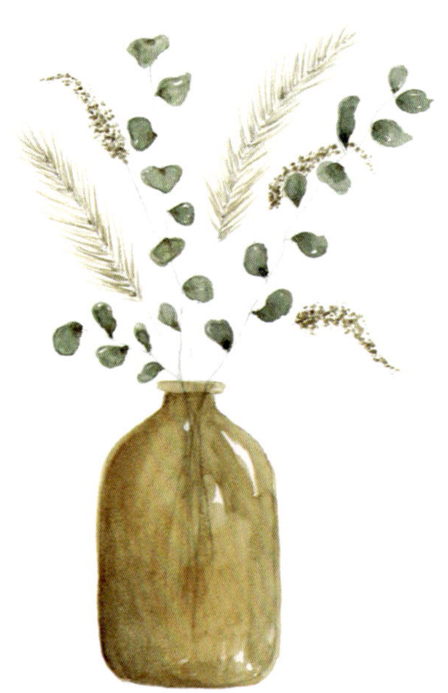

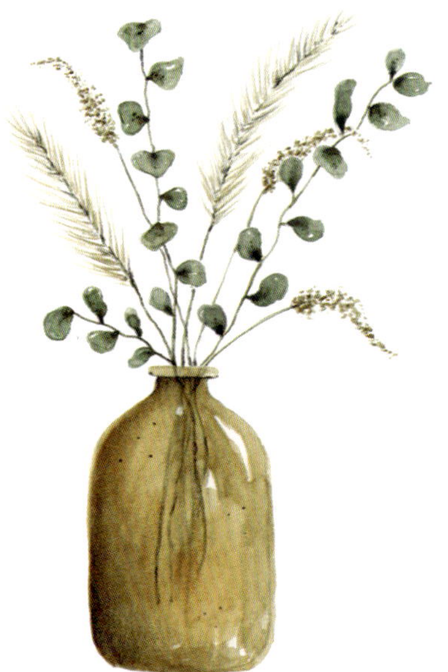

4 Mit dem Schlepper und dunklem Umbra grünlich folgen nun die Stiele. Bedenke, dass sie in der Flasche etwas heller aussehen. An dieser Stelle muss die Farbe also vor dem Auftrag etwas aufgehellt werden.

Wenn alles getrocknet ist, gibst du mit Bleistift und dem Papierwischer etwas Schatten auf die Flasche. Denke dabei auch an den Bereich unter dem Flaschenhals. Auf den Eukalyptus kannst du mit Bleistift zum Schluss noch ein paar Pünktchen setzen, um ein bisschen mehr Struktur zu erzeugen.

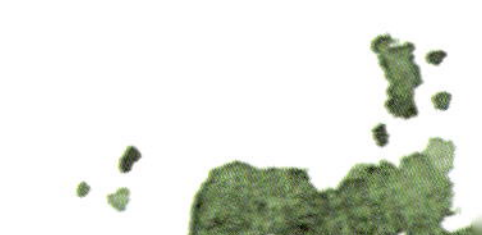

alter Küchenschrank

Der alte Küchenschrank steht bei Omi in der Ecke. Seine verzierten Schnitzereien erzählen von vergangenen Zeiten. Mit geheimnisvollen Schubladen und verborgenen Fächern hütet er die Erinnerungen längst vergangener Tage.

Farben

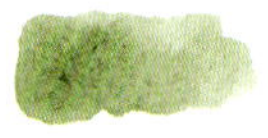 516 GRÜNE ERDE

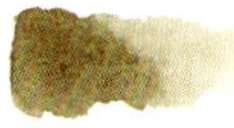 665 UMBRA GRÜNLICH

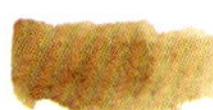 667 UMBRA NATUR

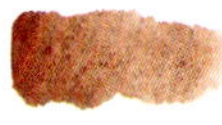 672 MAHAGONIBRAUN

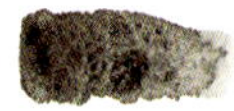 791 EISENOXIDSCHWARZ

Materialien

Papier

✓ Hahnemühle Expression

Pinsel

✓ 8er-Verwaschpinsel
✓ 6er-Rundpinsel

Stifte

✓ Druckbleistift
✓ Papierwischer
✓ Buntstifte

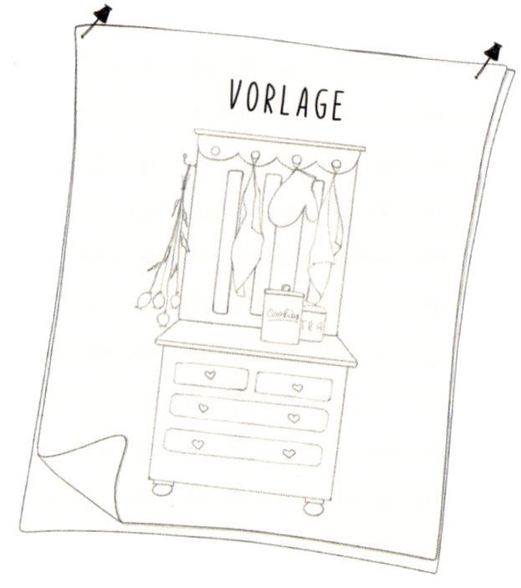

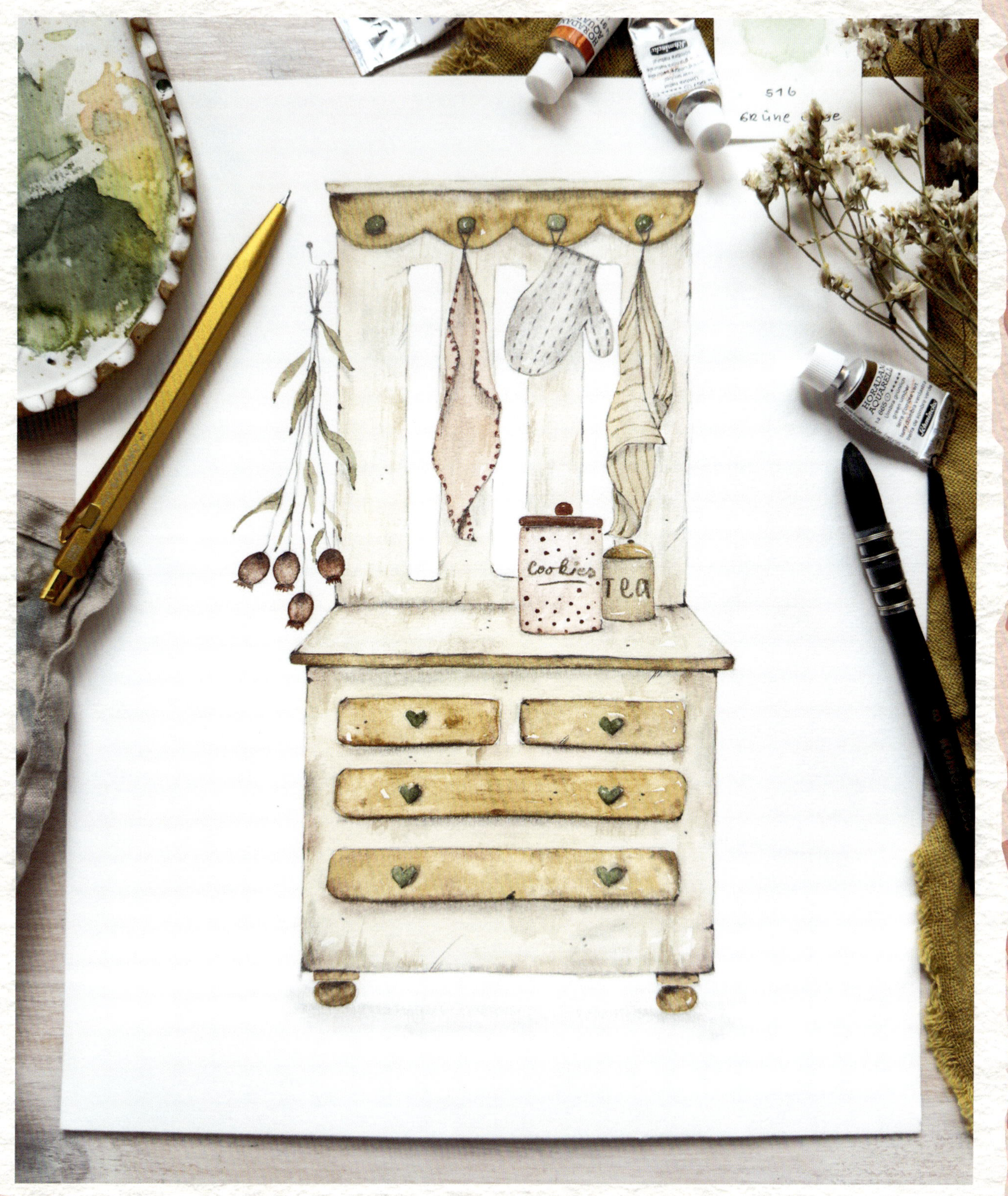
516
Cookies
Tea
HORADAM AQUARELL

ALTER KÜCHENSCHRANK

1 Zuerst grundierst du die großen Flächen mit dem Verwaschpinsel und hell angemischtem Umbra grünlich. Gib auch hier wieder an den Ecken und Kanten etwas Mahagonibraun in die noch nasse Farbe. So legst du dir den Grundstein für einen schönen alten und abgenutzten Look.

2 Wechsle nun zum 6er-Rundpinsel und Umbra natur. Hiermit kannst du nun die obere Verzierung, die Kante, die Schubladen und die Füße malen. Achte darauf, die Griffe und Haken frei zu lassen. Auch hier gibst du in die nasse Farbe an den Ecken wieder etwas Mahagonibraun hinzu.

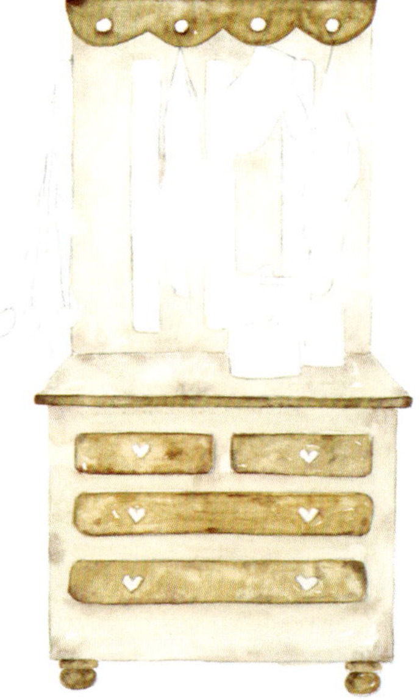

3 Mit ganz hellem Umbra natur kannst du nun die Teedose malen. Den Deckel hältst du etwas dunkler, damit er sich abhebt. Das rechte Handtuch malst du ebenfalls mit hellem Umbra natur. Hier kannst du die Schatten schon mit etwas mehr Pigment andeuten. In hellem Mahagonibraun werden dann die Keksdose und das linke Handtuch gemalt. Deute auch hier schon ein wenig Schatten an. Wenn die Dose trocken ist, setze noch ein paar Pünktchen und gib dem Deckel ein dunkles Mahagonibraun. Dieselbe Farbe erhalten die Mohnknospen. Mit ganz hellem Eisenoxidschwarz malst du den Handschuh.

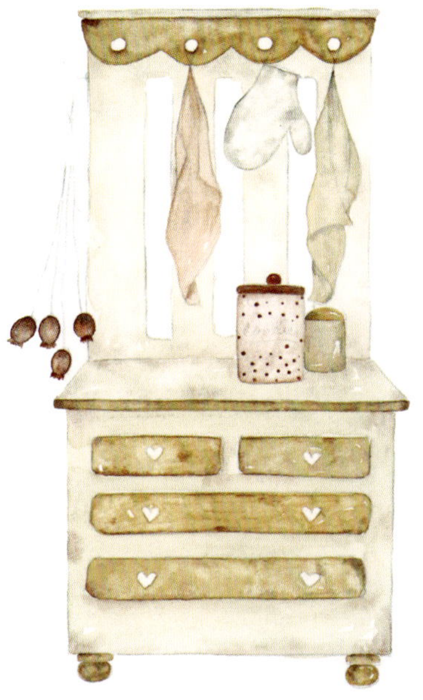

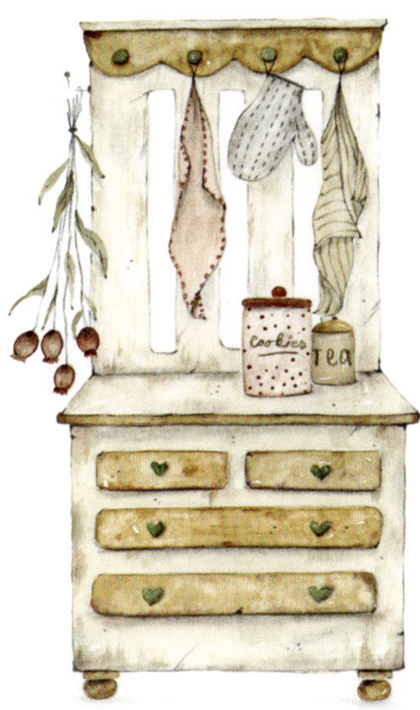

4 Nun bist du in der Tat schon beim letzten Schritt. Male zunächst alle Griffe und die Blätter mit Grüne Erde. Anschließend kannst du deine Handtücher mit Buntstiften verzieren. Am besten wählst du eine Farbe, die der des jeweiligen Handtuchs ähnelt. Zuletzt kommen Bleistift und Papierwischer zum Zug. Setze unter allen Elementen etwas Schatten, den du mit dem Papierwischer verblendest, und ziehe den Haken sowie die Stiele der Mohnblumen mit Bleistift nach.

Rustikales Regal

Das rustikale Regal aus massivem Holz hat eine warme und natürliche Ausstrahlung. Es fügt sich harmonisch in jeden Raum ein. Mit seinen groben und unebenen alten Holzoberflächen erinnert es an die Schönheit der Natur.

Farben

 516 GRÜNE ERDE

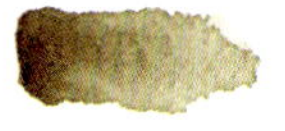 665 UMBRA GRÜNLICH

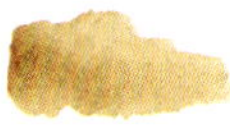 667 UMBRA NATUR

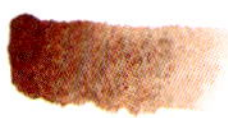 672 MAHAGONIBRAUN

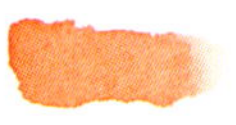 348 KADMIUMROTORANGE

 224 KADMIUMGELB

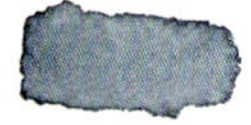 787 PAYNESGRAU BLÄULICH

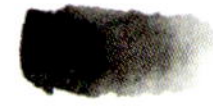 791 EISENOXIDSCHWARZ

Materialien

Papier
✓ Hahnemühle Expression

Pinsel
✓ 6er-Rundpinsel
✓ 2er-Schlepper

Stifte
✓ Druckbleistift
✓ Papierwischer

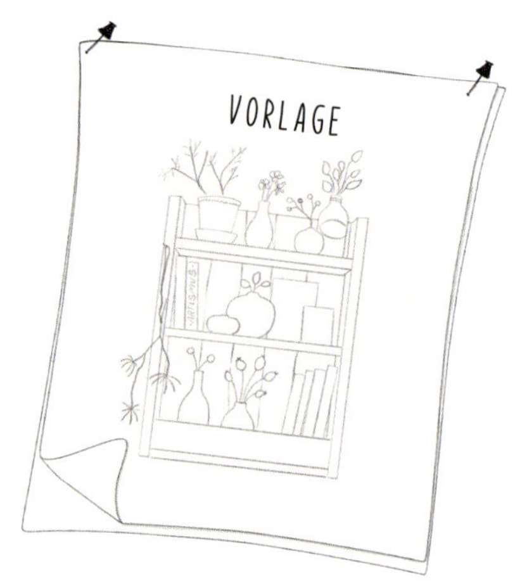

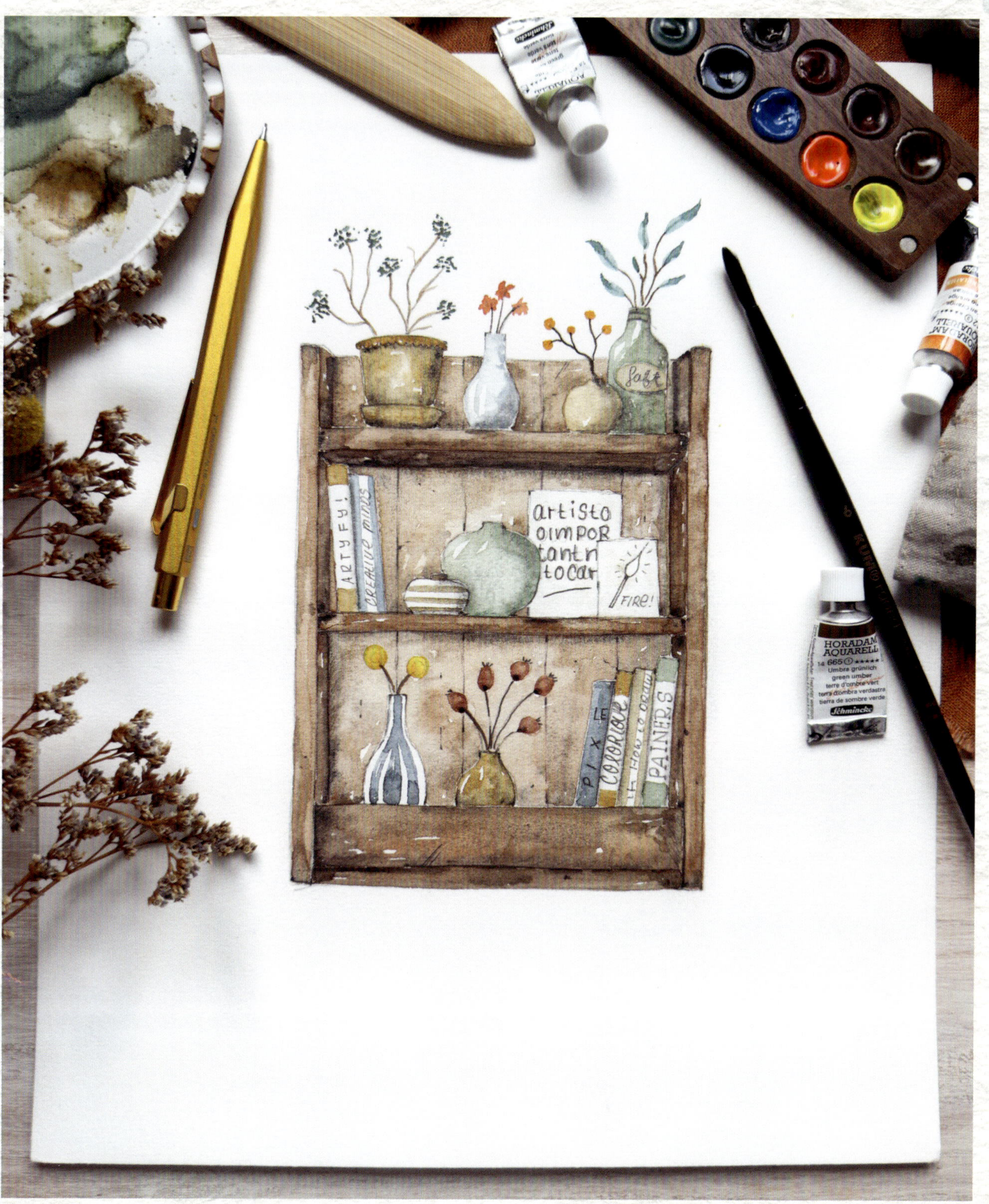
ARTYFY!
CREATIVE MINDS
artisto
oimpor
tantn
tocar
FIRE!
Saft
PAINERS
HORADAM
AQUARELL
14 665
Umbra grünlich
green umber
terre d'ombre vert
terra d'ombra verdastra
tierra de sombre verde
Schmincke

RUSTIKALES REGAL

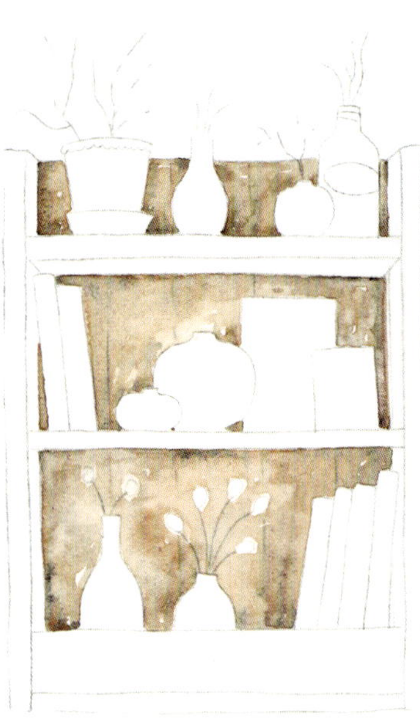

1 Nimm den 6er-Rundpinsel und mische dir Kastanienbraun mit etwas Eisenoxidschwarz an. Mit dieser Mischung grundierst du zuerst die Rückwand des Regals. Gib zwischendurch überall noch mal Farbe hinein, um eine unregelmäßige Oberfläche zu erhalten. Du kannst an den Stellen, wo sich Schatten befindet, auch bereits etwas Eisenoxidschwarz hinzugeben. Aber nur solange deine braune Farbe noch nass ist.

2 Wenn die Rückwand komplett trocken ist, nimmst du dein angemischtes Braun und mischst es noch ein bisschen dunkler. Male damit den Rest des Regals aus. Koloriere die jeweiligen Teile einzeln und achte darauf, die innen liegenden Seiten nochmals einen Tick dunkler zu machen. Das kannst du auch einfach mit einer zweiten Schicht erreichen.

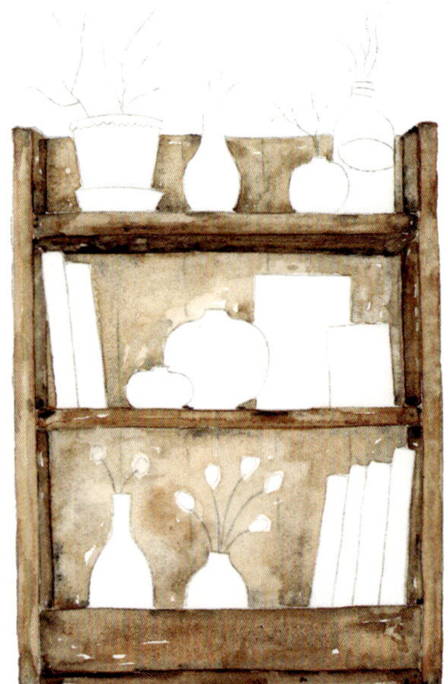

Tipp

Bei solchen leicht dreidimensionalen Regalen ist es immer besonders wichtig darauf zu achten, welche Stellen dunkler und welche heller sein sollten. Stell dich einfach mal zentral vor ein Regal und betrachte es genau. Du wirst sehen, dass die Innenseiten und die Stoßkanten immer etwas dunkler sind als der Rest.

3 In den nächsten Schritten malst du nach und nach die Elemente in dem Regal. Fange mit Umbra natur an. Überlege dir, welche Elemente diese Farbe haben sollen. Besonders bieten sich hier die Blumentöpfe an. Achte darauf, keine Elemente direkt nebeneinander in derselben Farbe zu haben. Schön ist es auch, wenn du an den Gefäßen weiße Stellen als Reflexionen frei lässt. Als weitere Farben kannst du Umbra grünlich, Paynesgrau bläulich und Grüne Erde nehmen.

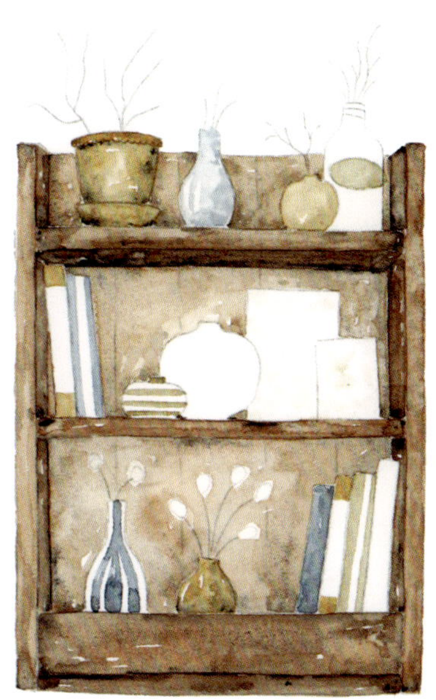

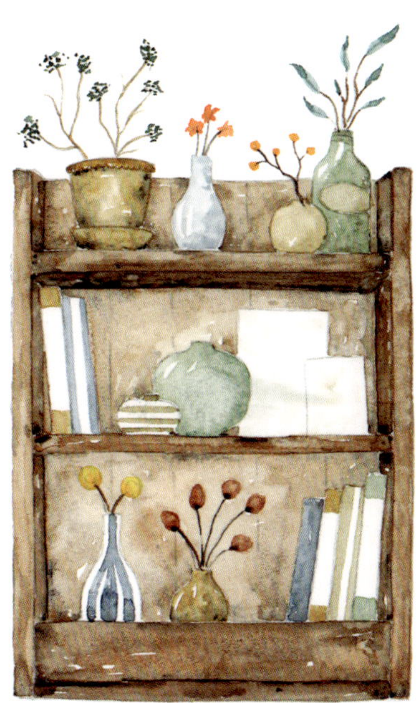

4 Wenn du alle Vasen und Bücher gemalt hast, kommen nun die Pflanzen. Die Blätter kannst du mit einer Mischung aus Grüne Erde und etwas Paynesgrau bläulich malen. Die kleinen Blüten oben im Regal in Kadmiumrotorange und Kadmiumgelb und die getrockneten Mohnknospen unten werden in Mahagonibraun gemalt. Die Stiele fügst du ebenfalls mit Mahagonibraun ein. Nimm hierfür aber lieber den 2er-Schlepper.

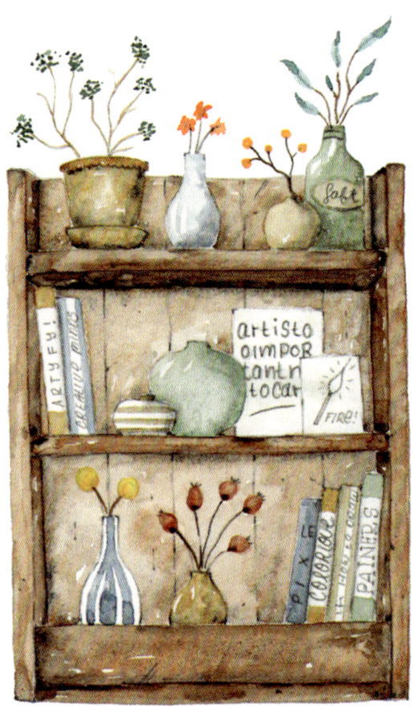

5 Bleistiftfinale!

Betone überall die Übergänge zwischen den einzelnen Regalelementen und setze unterhalb der Bretter Schatten, den du im Anschluss mit dem Papierwischer verblendest. Auf diese Art kannst du auch an deinen Vasen überall noch Schatten einfügen. Vergiss nicht, die Bücher zu beschriften und die Bilder zu malen.

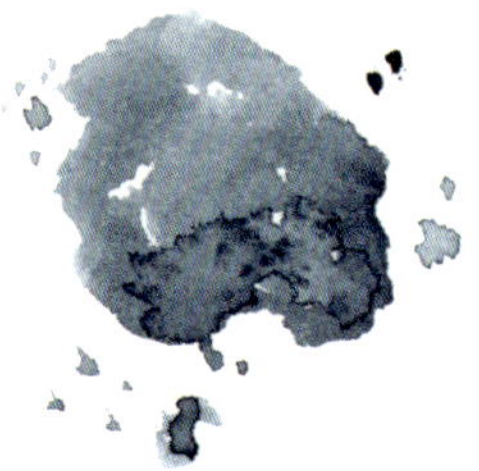

Was steht bei dir alles im Regal? Meist findet man dort Bücher, Bilder oder auch die ein oder andere Urlaubserinnerung.

Als kleine Inspiration habe ich hier noch ein paar kleine Elemente, die sich bestimmt auch gut in einem Regal machen.

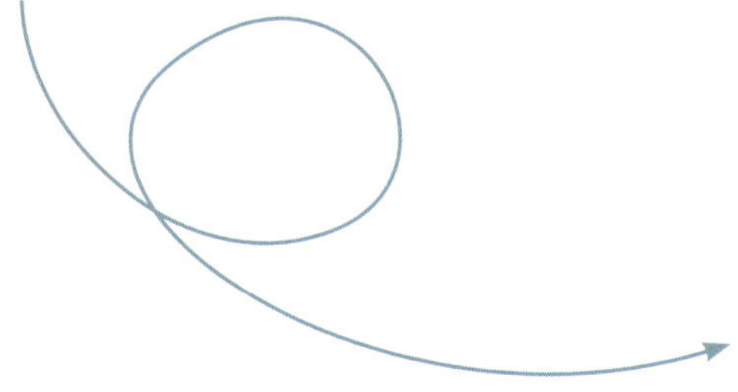

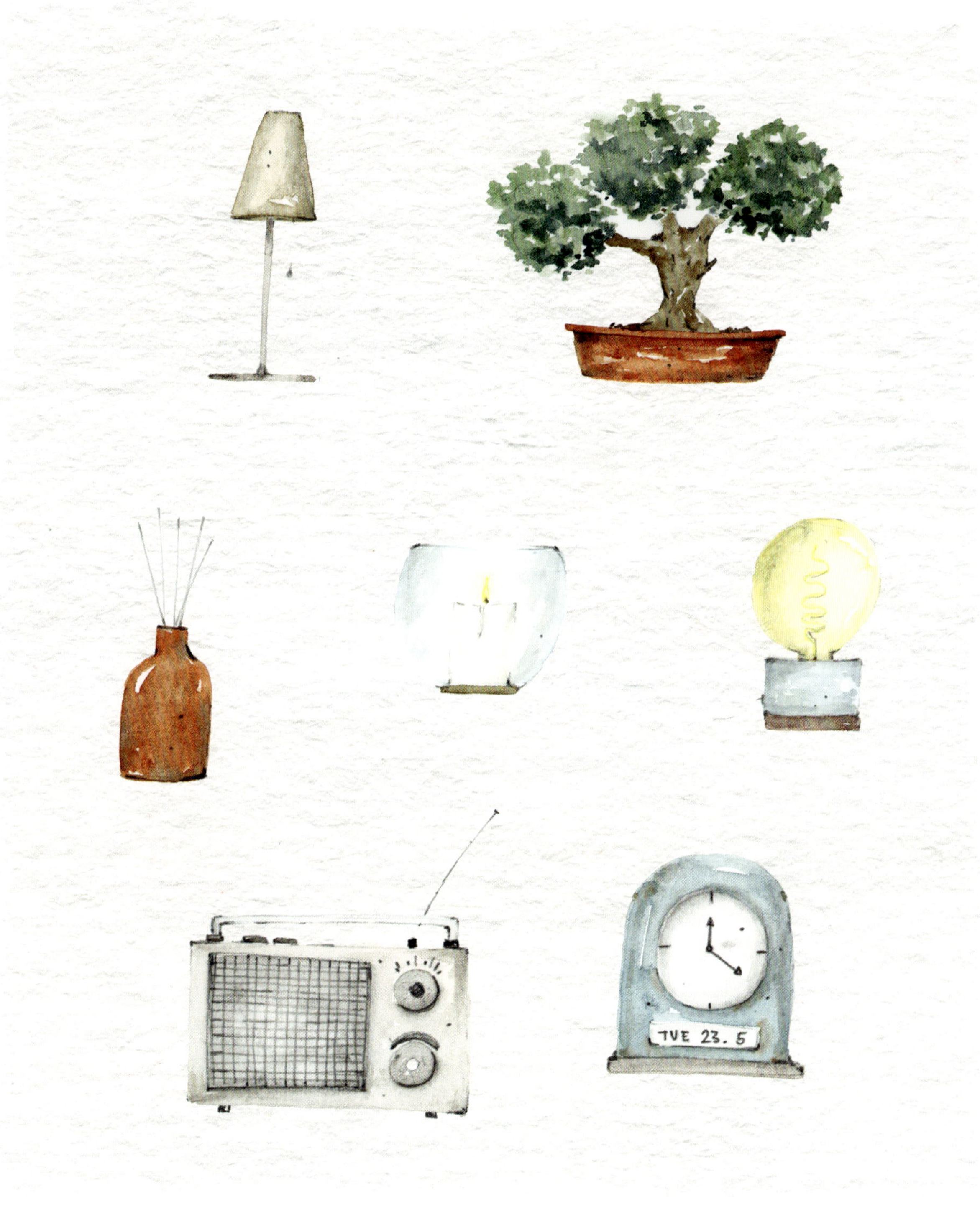

Gemütliche Couch

Ein Wohnzimmer ist ein harmonischer Rückzugsort. Ein Ort, an dem man Geborgenheit, Gemütlichkeit und schlafende Katzen findet. Die weiche Couch lädt zum Entspannen und Verweilen ein. Der Herbstbaum vor dem Fenster kündigt langsam die dunkle Jahreszeit an.

Farben

- 483 AZUR BLAU
- 516 GRÜNE ERDE
- 533 KOBALTGRÜN TIEF
- 665 UMBRA GRÜNLICH
- 651 KASTANIENBRAUN
- 791 EISENOXIDSCHWARZ
- 224 KADMIUMGELB
- 893 GOLD

Materialien

Papier
✓ Hahnemühle Expression

Pinsel
✓ 8er-Verwaschpinsel
✓ 6er-Rundpinsel
✓ 2er-Schlepper

Stifte
✓ Druckbleistift
✓ Papierwischer
✓ Buntstifte

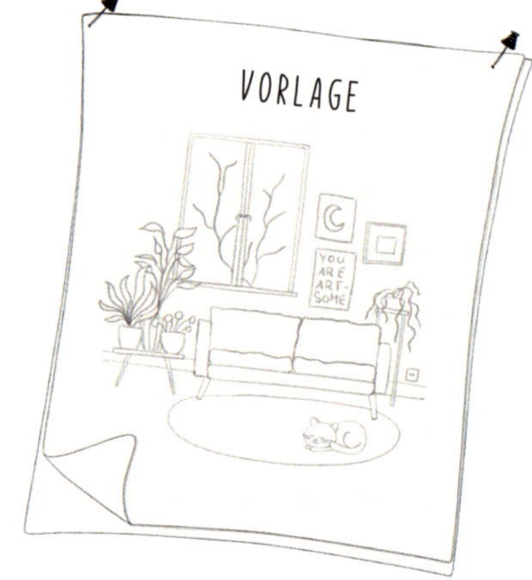

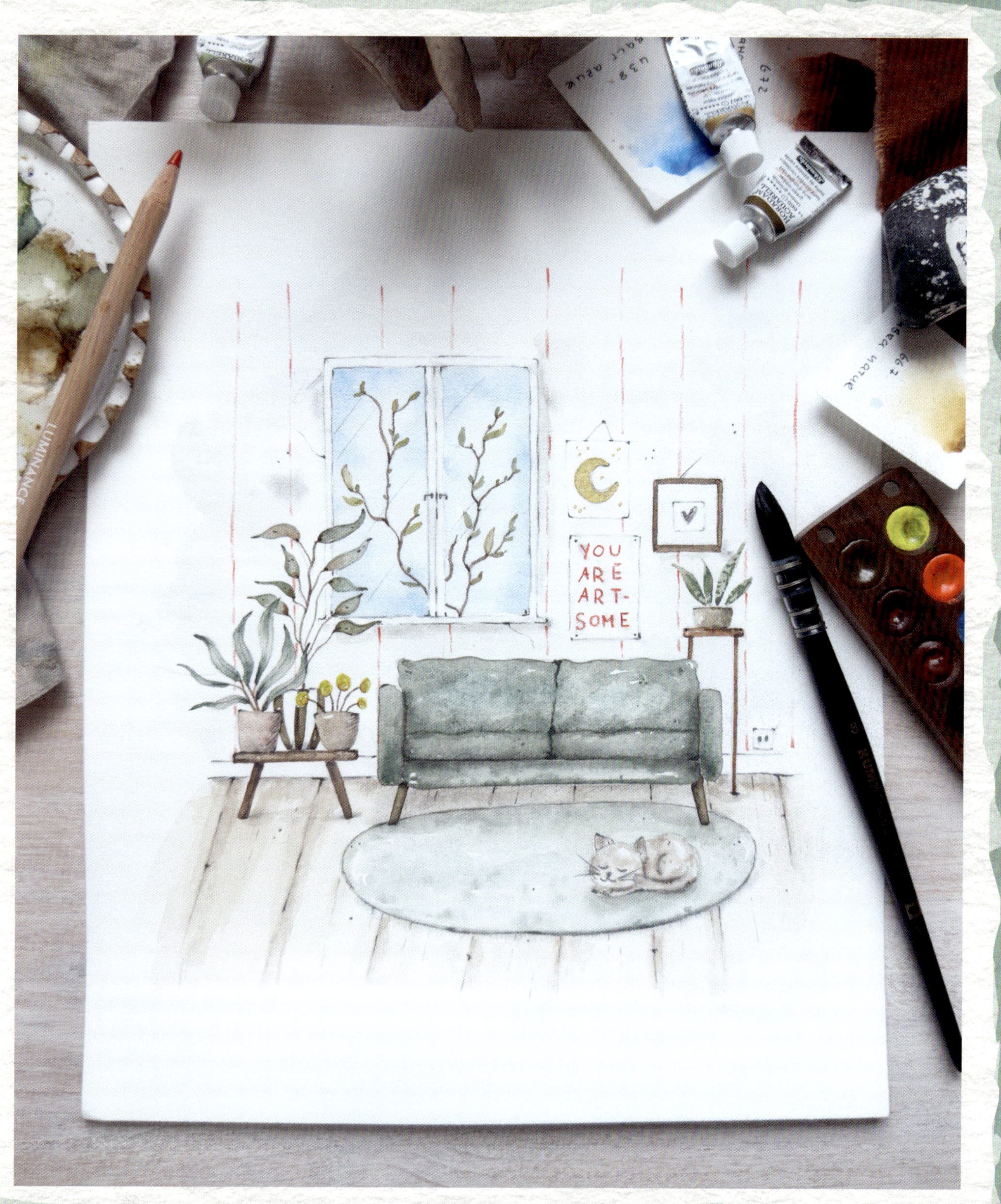
YOU
ARE
ART-
SOME
LUMINANCE

GEMÜTLICHE COUCH

1 Als Erstes setzt du alle Grundierungen. Beginne mit der Wand in sehr verdünntem Eisenoxidschwarz. Danach kannst du direkt das Fenster mit etwas Kobalt Azur ausmalen. Gehe hierbei am besten Nass in Nass vor, um den Himmel anzudeuten. Im Anschluss folgt der Boden in verdünntem Kastanienbraun. Für all das kannst du deinen Verwaschpinsel verwenden.

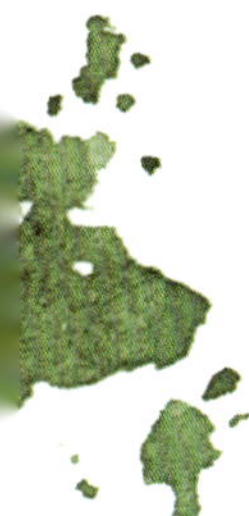

2 Mische dir nun Kobaltgrün tief mit ein wenig Kastanienbraun an. Diese Mischung trägst du mit dem 6er-Rundpinsel und etwas mehr Wasser auf die Couch auf. Hier kommt jetzt wieder unsere Tupftechnik zum Einsatz. Grundiere erst einmal die ganze Fläche. Tupfe dann an manchen Stellen etwas Pigment weg, um anschließend wieder etwas dunkleres Pigment hinzuzugeben. Achte darauf, dass es an den Kanten der Kissen immer etwas dunkler ist. Im Anschluss kannst du noch die Blätter der linken Pflanze und den Teppich in derselben, etwas verdünnten Farbmischung malen.

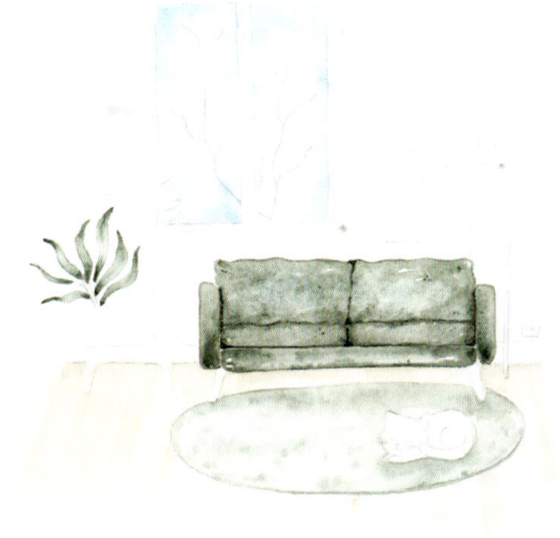

3 Wenn du noch etwas von deiner Farbmischung aus Kobaltgrün tief und Kastanienbraun übrig hast, kannst du damit auch direkt die restlichen Pflanzen malen. Gib allerdings bei jeder Pflanze noch etwas von einer anderen Farbe hinzu, um ein wenig Varianz zu erzeugen. Für die mittlere Pflanze kannst du beispielsweise etwas Grüne Erde hinzugeben, für die Pflanze ganz rechts etwas Kadmiumgelb. In demselben Ton kannst du dann auch die letzten paar Blätter malen, die noch draußen an dem Herbstbaum hängen. Die letzte kleine Topfpflanze bekommt ein paar Bommel in Kadmiumgelb.

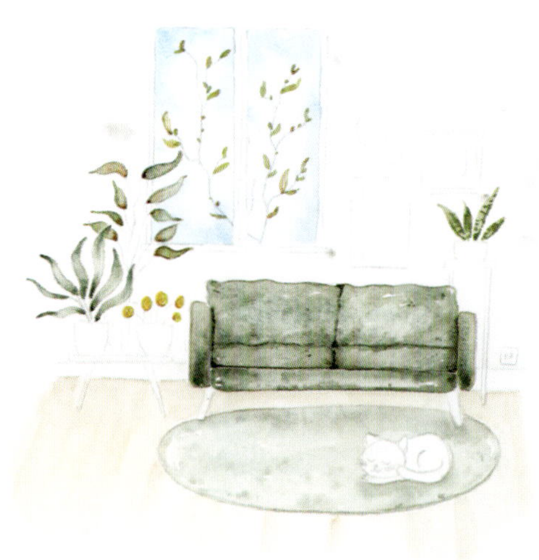

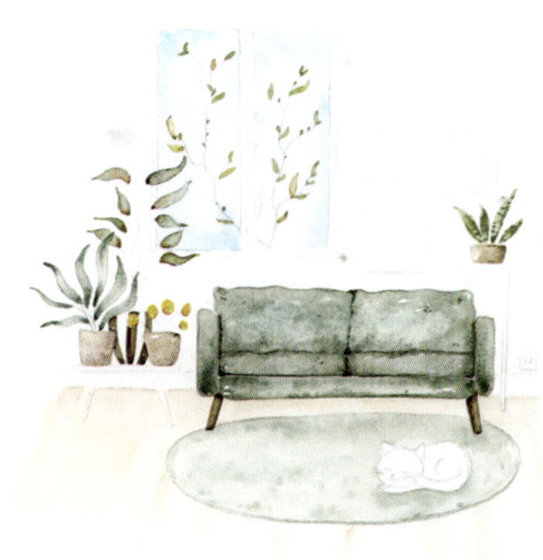

4 Die Blumentöpfe malst du in einem sehr hellen Mahagonibraun und gibst an den Rändern ein klein wenig Eisenoxidschwarz mit hinein. Der große Topf bekommt ein paar Streifen in Eisenoxidschwarz. Aber achte darauf, dass die angrenzenden Töpfe trocken sind, da sonst alles ineinander verläuft! Nun noch schnell die Couchbeine und dieser Schritt ist fertig.

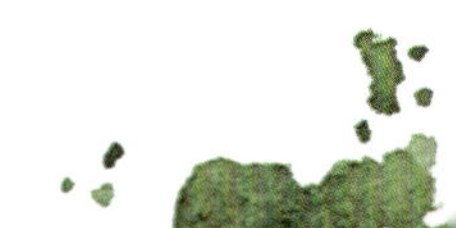

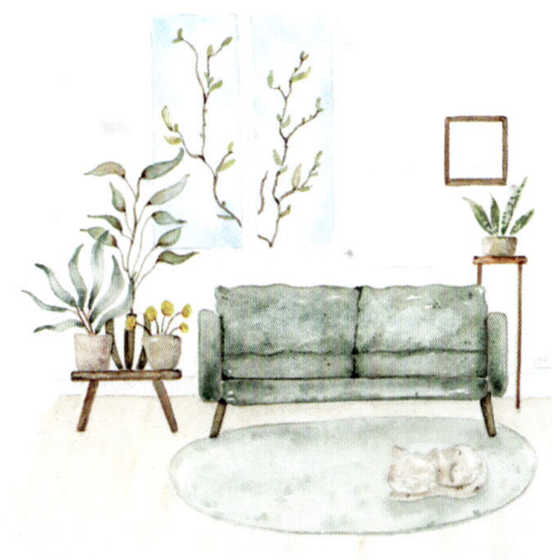

5 Wenn die Töpfe alle gut getrocknet sind, kommen die kleinen Tischchen an die Reihe. Beide malst du mit Kastanienbraun, allerdings wird der linke etwas mit Eisenoxidschwarz abgetönt. Außerdem kannst du schon den ersten Bilderrahmen in Kastanienbraun malen. Die Katze wird mit einem ganz hellen Eisenoxidschwarz grundiert und stellenweise tupfst du etwas dunklere Farbe hinein. Wechsle nun zum 2er-Schlepper. Nimm dir wieder das Kastanienbraun und male damit alle Stiele und Äste des Baumes und der Pflanzen. Für mehr Varianz kannst du auch hier stellenweise wieder ein wenig Eisenoxidschwarz mit dazugeben.

6 Nimm dir nun wieder den 6er-Rundpinsel und ganz wenig Kastanienbraun. Strukturiere damit deinen Boden an den Stellen, wo die Dielen aufeinandertreffen. Mit Gold malst du den Mond auf dem Bild und ein paar kleine Punkte als Sterne. Wenn alles gut getrocknet ist, kommen wieder Bleistift und Papierwischer zum Einsatz. Setze überall unter die Möbel Schatten. Betone den Fenster- und die Bilderrahmen an den Kanten sowie die Blumentöpfe. Wenn die Kissenkanten noch etwas zu hell sind, schraffiere sie etwas mit Bleistift und verblende anschließend mit dem Papierwischer. Ist überall genug Struktur, zeichnest du zum Schluss die gestreifte Tapete mit einem roten Buntstift.

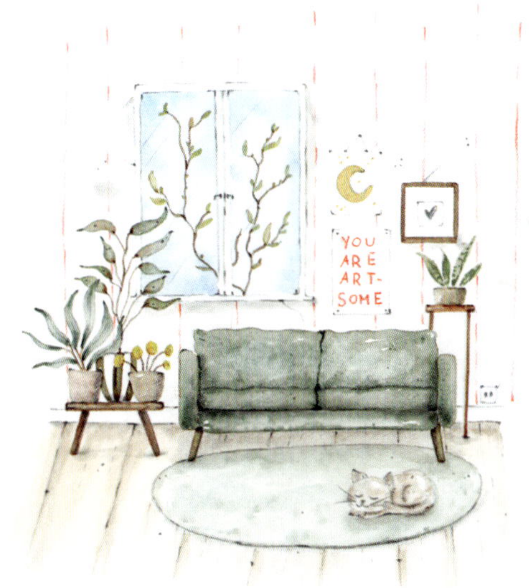

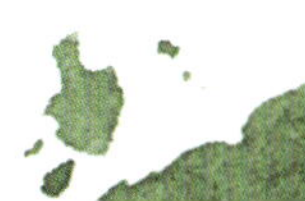

Wanddekoration

Wenn man Räume malen will, kommt schnell der Moment, in dem man sich überlegt, was man eigentlich mit den Wänden machen soll.

Wie du in den verschiedenen Illustrationen sehen kannst, arbeite ich hier gerne mit Bildern, auf denen kleine Sprüche stehen. Damit dir die Ideen für diese Sprüche nicht ausgehen, habe ich hier ein paar Inspirationen für dich.

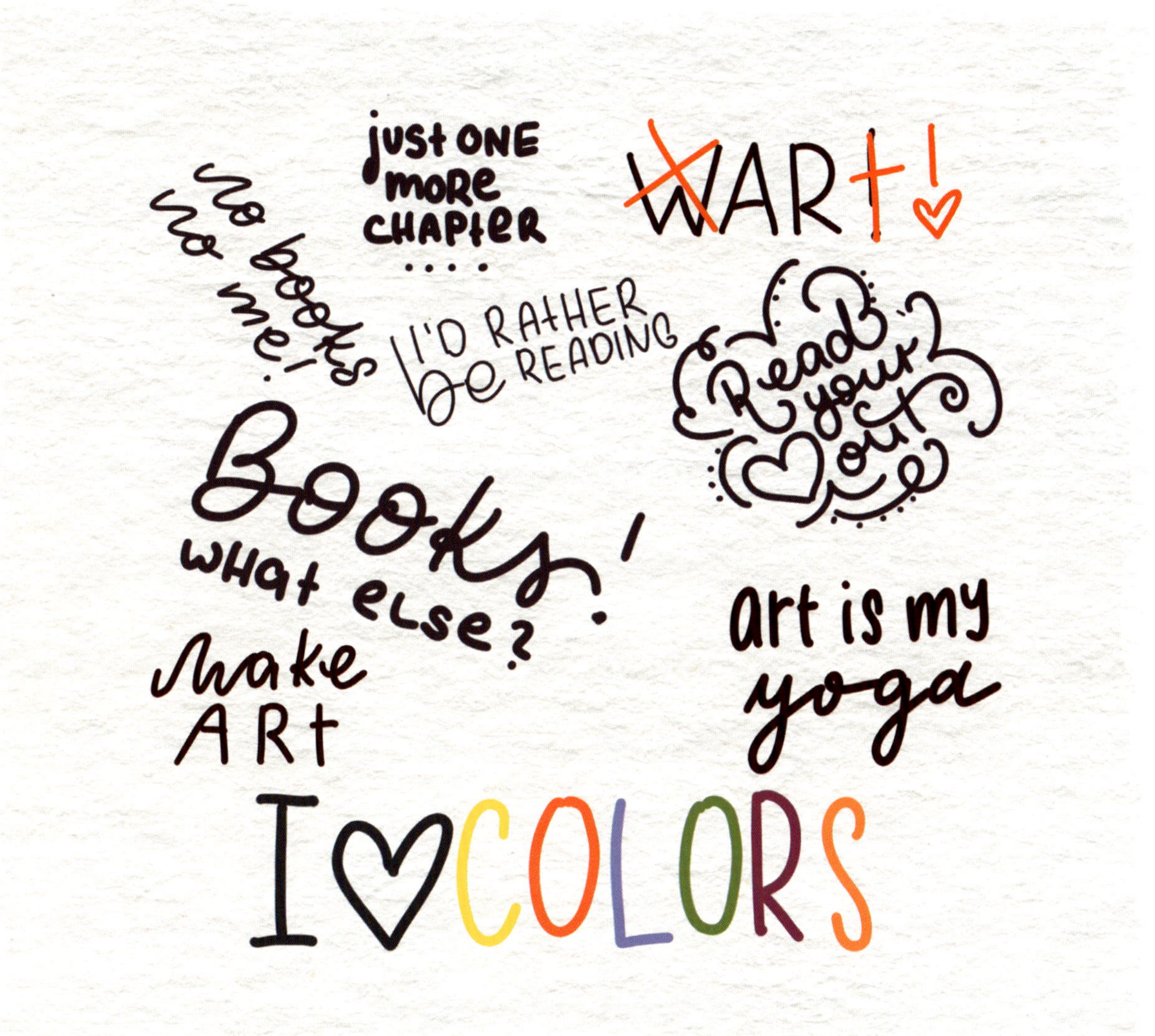

Kleine Kommode

Die kleine Holzkommode ist von schlichter Schönheit. Die kleinen Verzierungen und die warme Farbe schaffen eine heimelige Atmosphäre. Vielleicht hat sie irgendwo ein geheimes Fach und bewahrt dort alte Erinnerungsstücke auf.

Farben

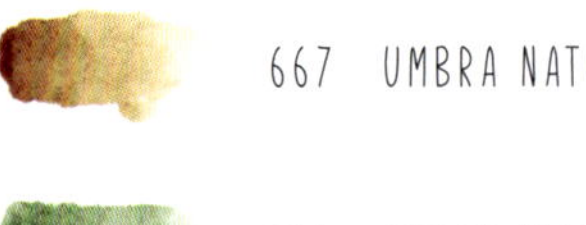

667 UMBRA NATUR

516 GRÜNE ERDE

224 KADMIUMGELB

348 KADMIUMROTORANGE

787 PAYNESGRAU BLÄULICH

791 EISENOXIDSCHWARZ

Materialien

Papier
- ✓ Hahnemühle Expression

Pinsel
- ✓ 8er-Verwaschpinsel
- ✓ 6er-Rundpinsel

Stifte
- ✓ Druckbleistift
- ✓ Papierwischer

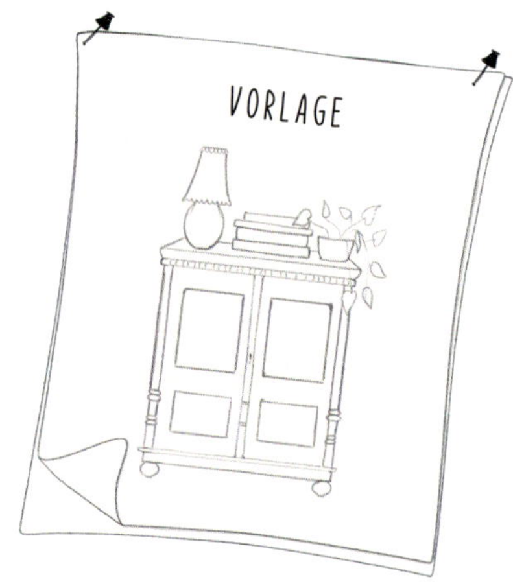

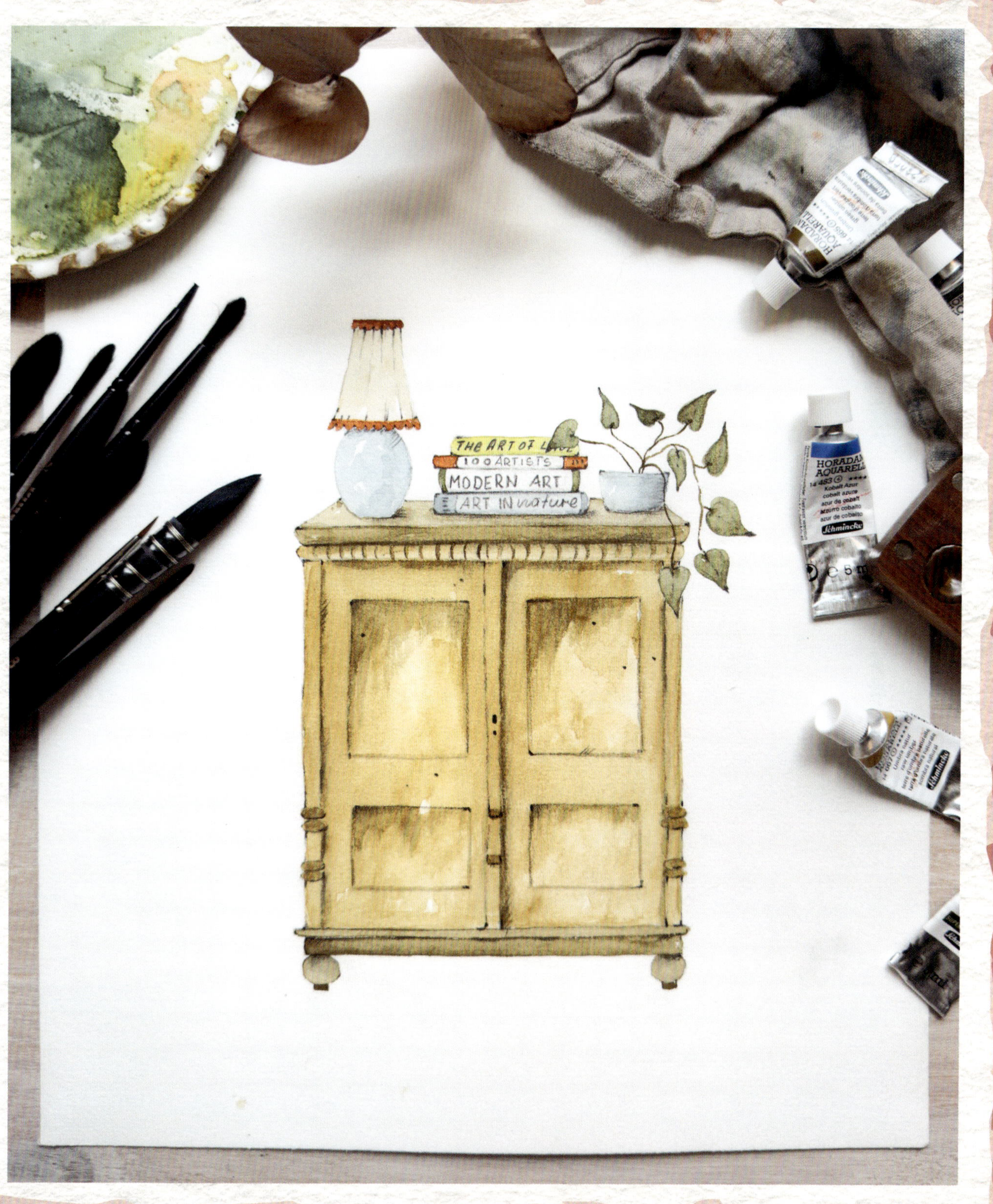
THE ART OF
100 ARTISTS
MODERN ART
ART IN nature
HORADAM AQUARELL
Schmincke

KLEINE KOMMODE

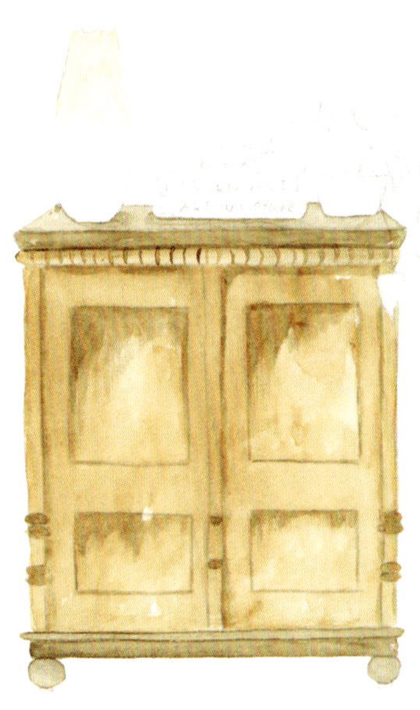

1 Grundiere die Kommode zunächst in Umbra natur. Vielleicht kommst du dafür mit dem Verwaschpinsel schon zurecht, ansonsten nimm den 6er-Rundpinsel. Den Lampenschirm malst du etwas heller. Warte kurz, bis alles trocken ist, und male dann mit dem 6er-Rundpinsel und Umbra grünlich den oberen und den unteren Teil sowie die Verzierungen. Du kannst an den Türen auch etwas Schatten in den Kassetten andeuten. Passe dabei nur auf, dass du nicht zu nass arbeitest.

2 Mit dem 6er-Rundpinsel und hellem Paynesgrau bläulich malst du jetzt die Lampe, das untere Buch und den Pflanzentopf. Danach erhält das obere Buch einen Anstrich in Kadmiumgelb. Wenn die beiden Farben etwas getrocknet sind, kannst du Grüne Erde mit etwas Umbra natur anmischen und die Pflanze und ein weiteres Buch malen.

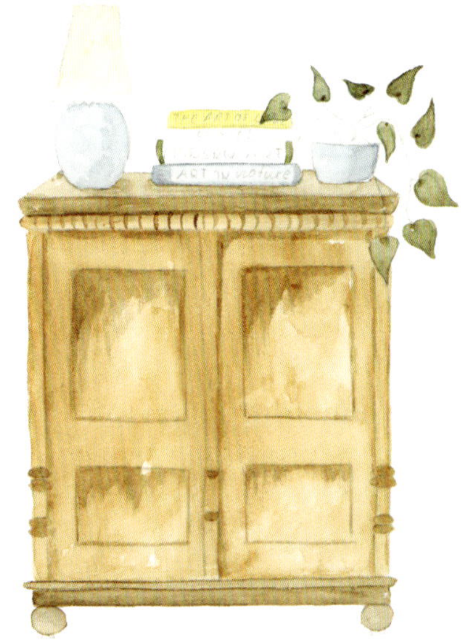

3 Nimm Kadmiumrotorange und male die kleinen Verzierungen am Lampenschirm. Danach färbst du das letzte Buch damit rot. Nimm dir jetzt deinen 2er-Schlepper und sehr hoch pigmentiertes Umbra grünlich, sodass es schön dunkel ist. Male damit die Stiele der Pflanze und die kleinen Füßchen ganz unten an der Kommode.

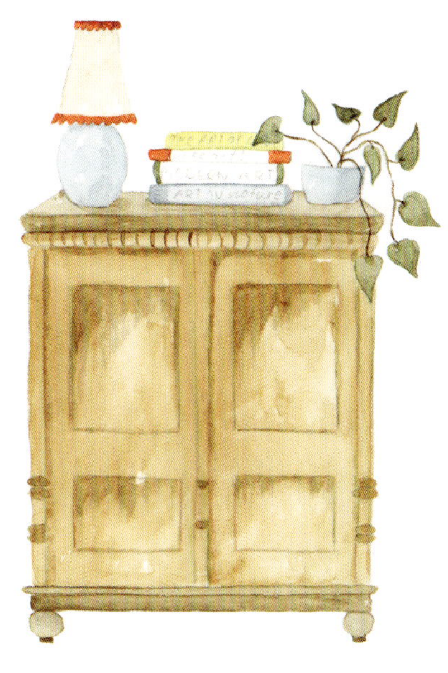

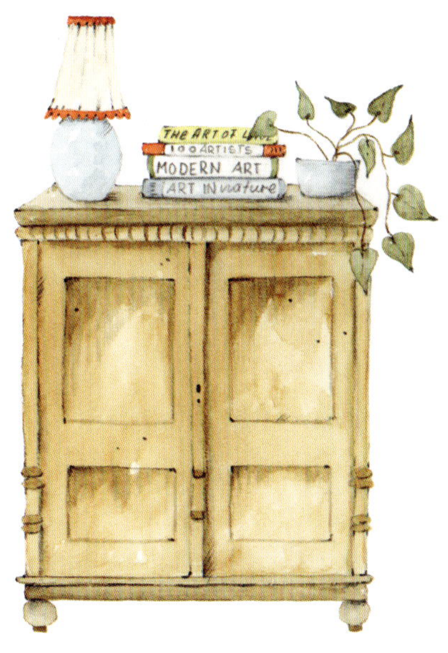

4 Im letzten Schritt kommen Bleistift und Papierwischer zum Einsatz. Schraffiere ein paar Linien überall dort, wo du Schatten haben möchtest, zum Beispiel neben der Lampe. Nimm im Anschluss den Papierwischer und verblende das Grafit damit. Mit dem Bleistift kannst du außerdem deinem Lampenschirm Struktur verleihen und natürlich auch noch die Bücher beschriften.

a Book Each Day

A book each day keeps the stress away. Ist es nicht entspannend, wenn man sich nach einem anstrengenden Tag in seinen Kuschelsessel setzen kann und ein paar Seiten in einem Buch liest?

Farben

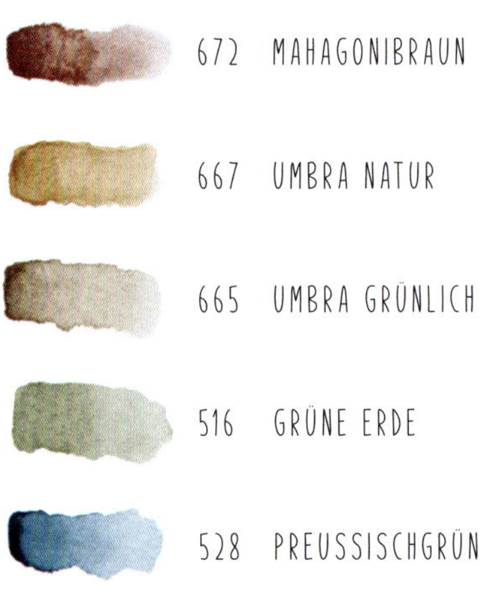

672 MAHAGONIBRAUN

667 UMBRA NATUR

665 UMBRA GRÜNLICH

516 GRÜNE ERDE

528 PREUSSISCHGRÜN

791 EISENOXIDSCHWARZ

Materialien

Papier
- ✓ Hahnemühle Expression

Pinsel
- ✓ 8er-Verwaschpinsel
- ✓ 6er-Rundpinsel

Stifte
- ✓ Druckbleistift

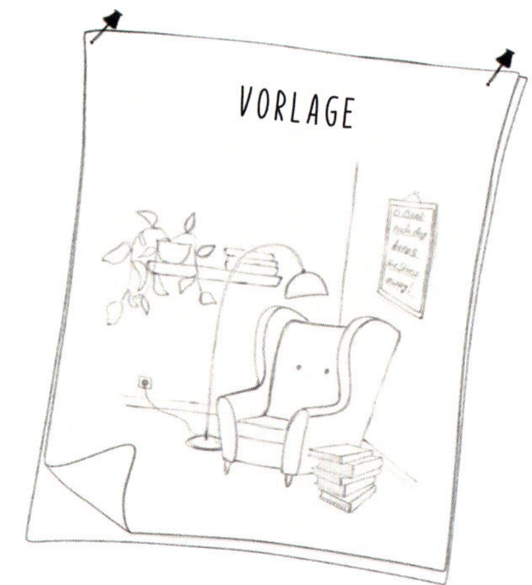

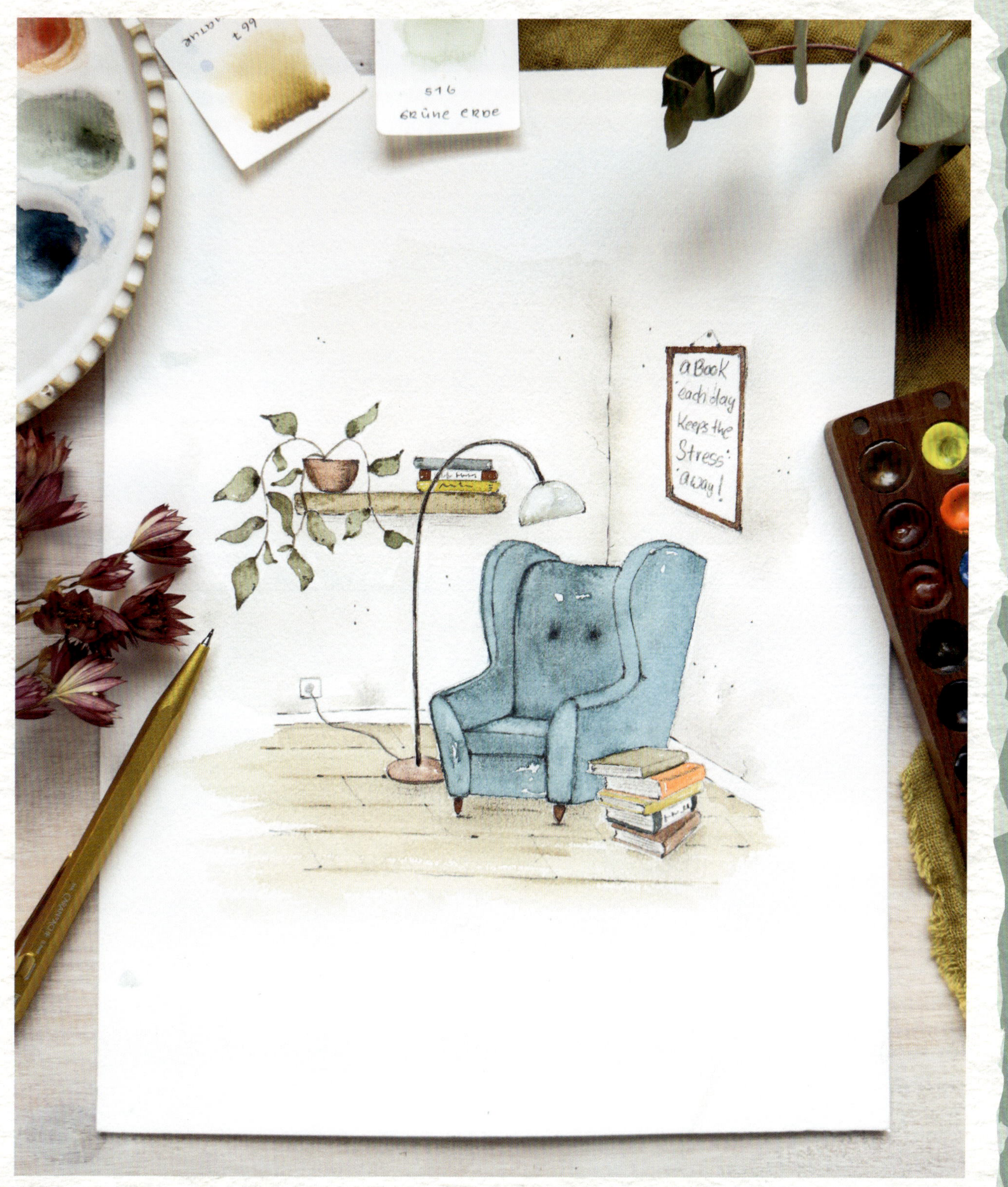

516
Grüne Erde
a Book each day Keeps the Stress away!

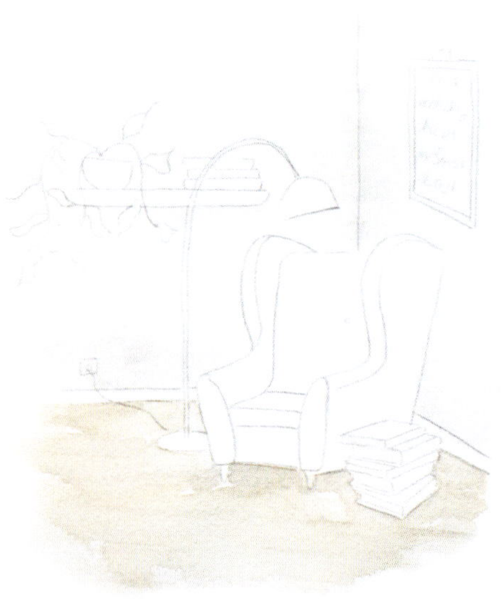

1 Zu Beginn werden wieder die großen Flächen grundiert. In diesem Fall erst die Wand und dann der Boden. Beides kannst du mit deinem Verwaschpinsel machen. Für die Wand nimmst du ganz stark verdünntes Eisenoxidschwarz und trägst es unregelmäßig auf. Dort, wo Schatten oder ein bisschen Patina sein können, gehst du zusätzlich mit ein bisschen hochpigmentierter Farbe drüber. Aber nur, solange die helle Schicht noch nass ist! Auch die Buchseiten kannst du damit leicht grundieren.

Genauso gehst du anschließend beim Boden vor, verwende hierfür aber Umbra natur.

2 Lege erst mal eine kleine Verschnaufpause ein, denn bevor es weitergeht, sollten Boden und Wand vollständig getrocknet sein. Wenn es so weit ist, nimm dir einen 6er-Rundpinsel und Preußischgrün, denn nun geht es an den Sessel. Achte darauf, dass du genug Wasser auf dem Pinsel hast, aber nicht zu viel. So kannst du auch hier schon Schatten und Falten andeuten. Halte die Sitzfläche ein bisschen heller.

Außerdem kannst du schon ein paar Bücher in derselben Farbe malen.

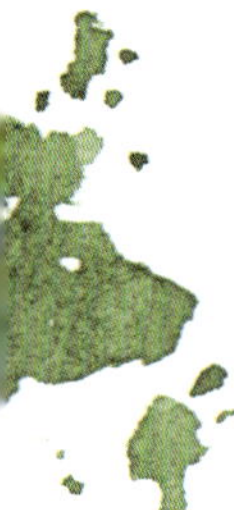

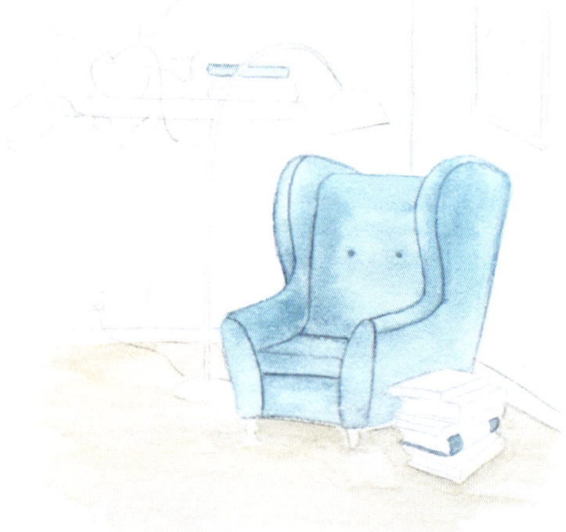

Tipp

Sollte mal etwas zu viel Wasser auf dem Papier gelandet sein oder eine Stelle zu dunkel geraten, kannst du immer mit einem Zewa oder einem Stofflappen etwas aufsaugen.

3 Der nächste Schritt ist recht klein. Nimm dir Umbra grünlich und male damit das Regal und ein weiteres Buch. Sollte dir der 6er-Rundpinsel zu groß für die kleinen Elemente sein, kannst du natürlich auch den 4er oder eine noch kleinere Größe verwenden.

Gehe auch hier wieder an manchen Stellen mit mehr Pigment drüber, um Struktur und Tiefe zu erzeugen.

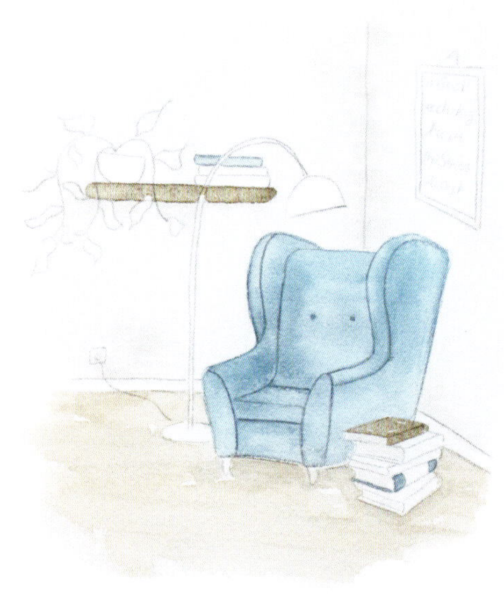

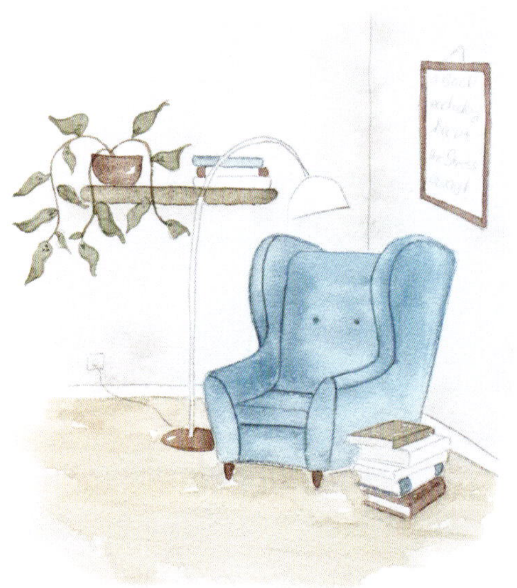

4 Nun geht es mit Mahagonibraun weiter. Male den Fuß der Lampe, ein paar Bücher und den Rahmen des Bildes damit. Sollte das Regal noch nicht ganz trocken sein, warte kurz, bis du den Pflanzentopf ebenfalls in Mahagonibraun malst.

Du kannst auch direkt die Pflanze mit Grüne Erde malen. Besonders saftig wirkt die Farbe, wenn du einen Tropfen des Mahagonibrauns mit hineingibst.

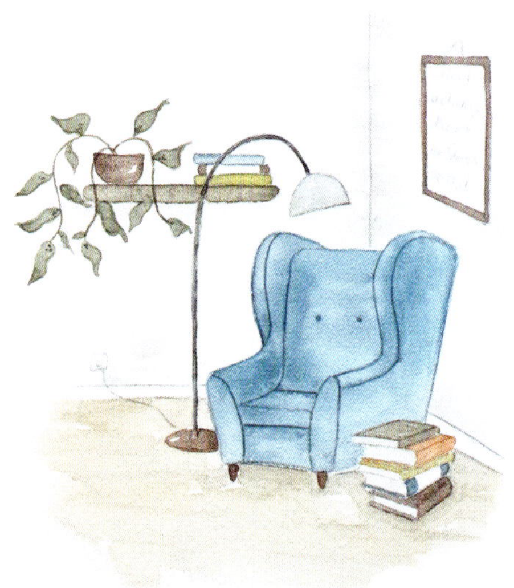

5 Nun kannst du die restlichen Bücher mit Farbresten aus deiner Palette malen. Im Anschluss kommt der Lampenschirm mit stark verdünntem Eisenoxidschwarz und einem Tropfen Preußischgrün. Achte hier darauf, einen kleinen weißen Fleck zu lassen, so bekommst du die Reflexion auf den Lampenschirm. Wenn alles einigermaßen getrocknet ist, kannst du noch die Stange der Lampe in Eisenoxidschwarz malen.

6 Zu guter Letzt geht es wieder an die Details. Nimm dir deinen Bleistift und fahre mit unregelmäßigem Druck die Fußleisten nach. Zeichne kleine Risse in die Wand. Schraffiere unter das Regal und unter dem Bild ein wenig Schatten und verwische ihn mit deinem Finger. Die Bücherseiten lassen sich gut mit Bleistift andeuten. Auch den Boden kannst du unregelmäßig nachziehen und dem Sessel ein paar Falten malen.

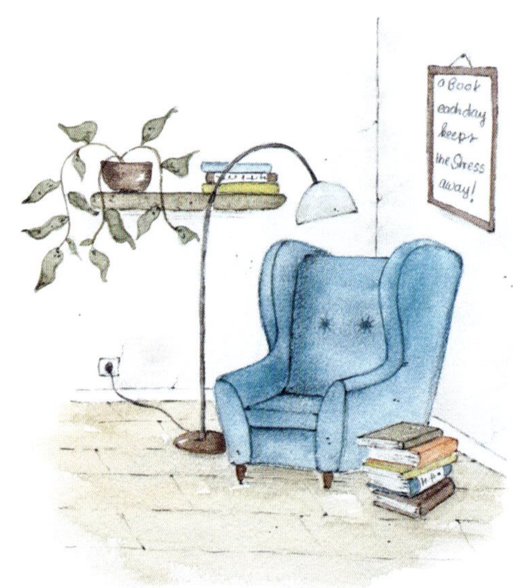

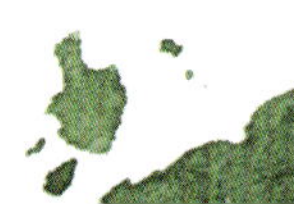

Bodenstruktur

Solltest du Lust auf eine etwas detailreichere Bodenstruktur haben, könntest du es zum Beispiel wie bei dieser kleinen Anleitung machen.

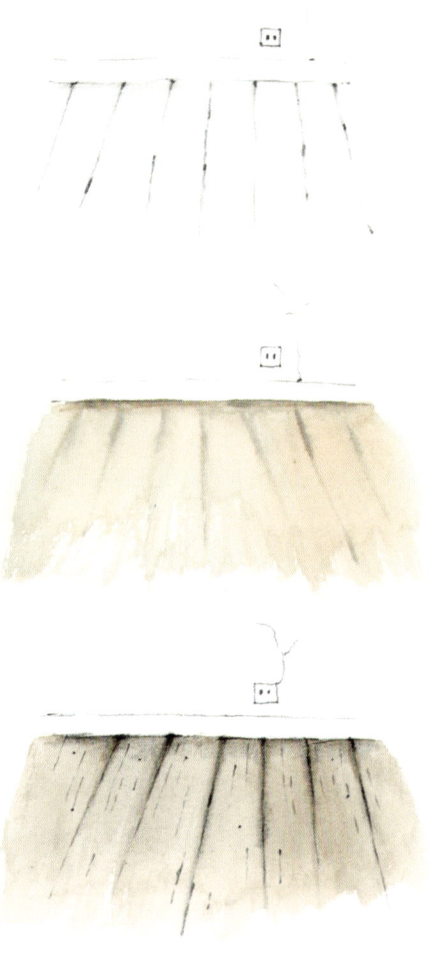

SCHRITT 1

Grundiere und deute mit ein paar Strichen die einzelnen Bahnen an.

SCHRITT 2

Erzeuge mit Bleistift und Papierwischer Schatten und Struktur. Zeichne die Linien noch mal nach und verblende sie ein wenig mit einem Papierwischer. Am Ansatz zur Wand kannst du etwas mehr mit Bleistift und Papierwischer arbeiten. Ebenso kannst du mit dem Bleistift die Holzmaserung andeuten.

LESESESSEL INSPIRATION

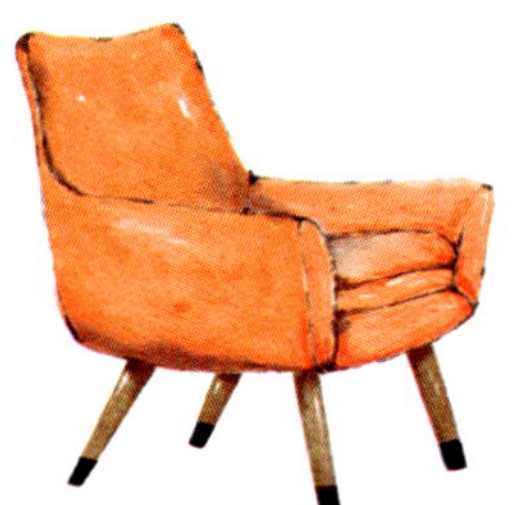

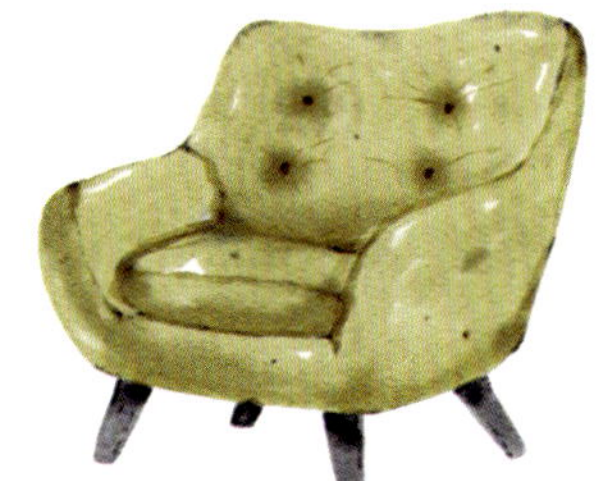

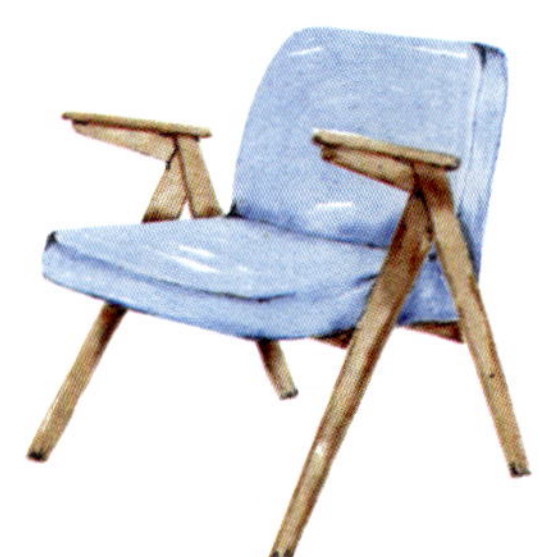

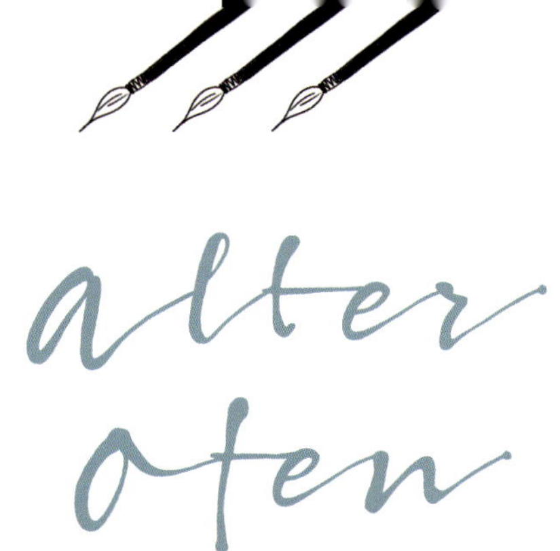

alter Ofen

Der alte rostige Ofen steht einsam in der Ecke und erinnert an die vergangene Wärme und Geborgenheit. Seine verblasste Eleganz erzählt von längst vergangenen Geschichten, während der Rost seine eigene Geschichte erzählt. Gerade dieser Rost aber ist es, der das Motiv so interessant macht.

Farben

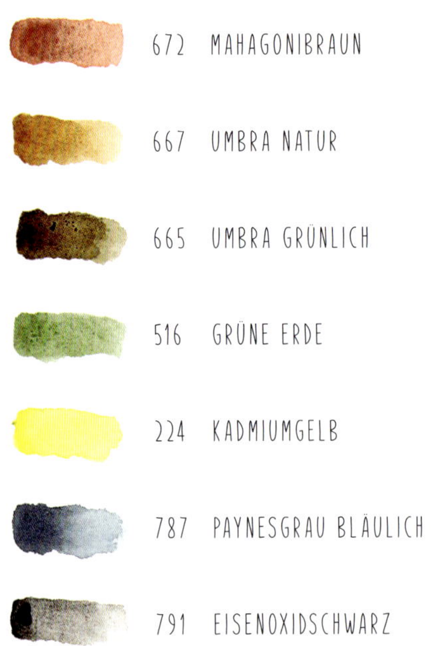

Materialien

Papier
- ✓ Hahnemühle Expression

Pinsel
- ✓ 6er-Rundpinsel

Stifte
- ✓ Druckbleistift
- ✓ Papierwischer
- ✓ roter Buntstift

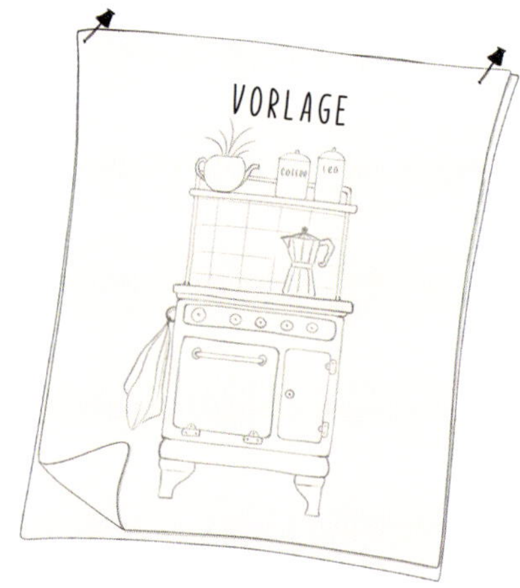

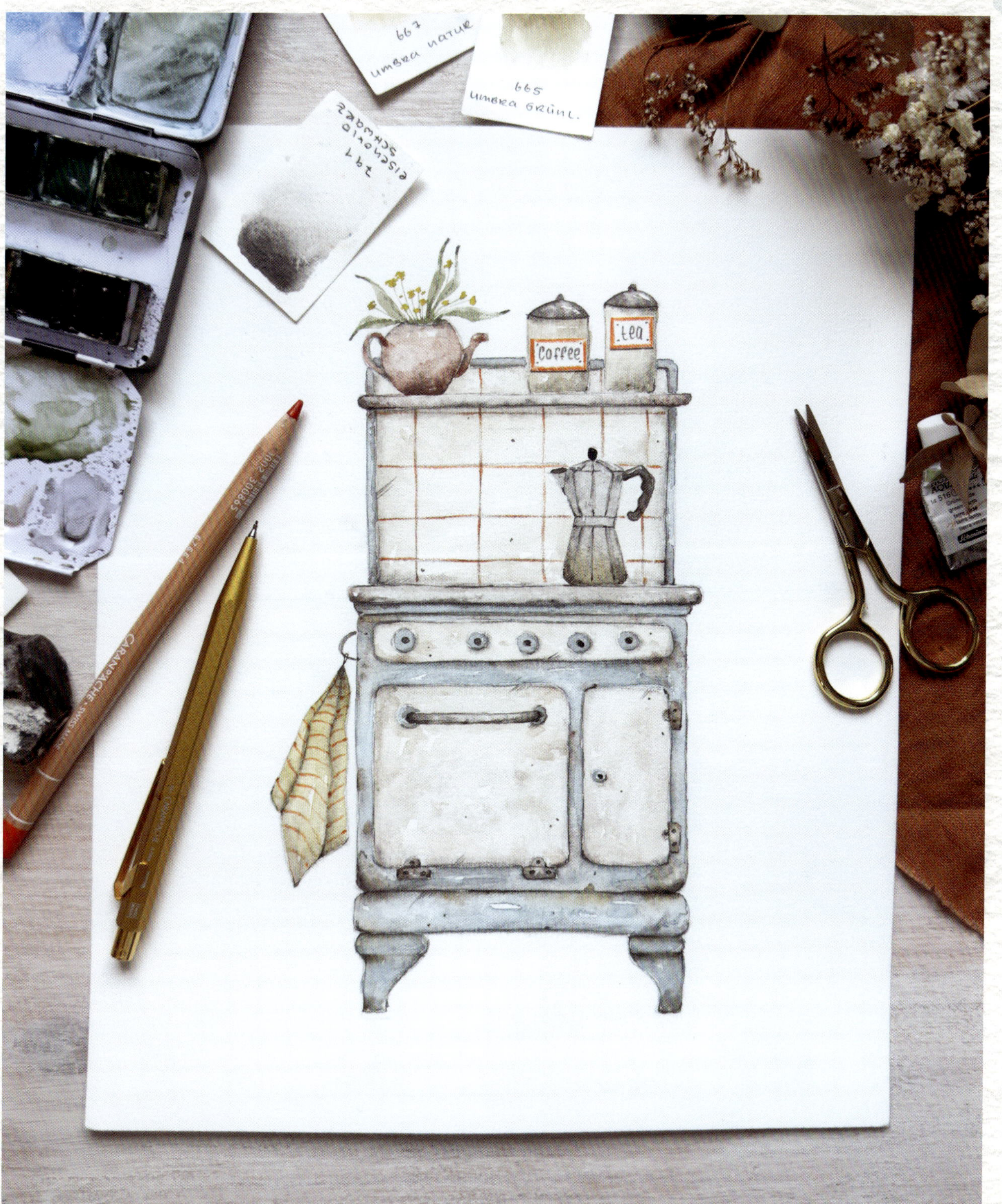
667
Umbra Natur
665
Umbra Grünl.
Coffee
tea

ALTER OFEN

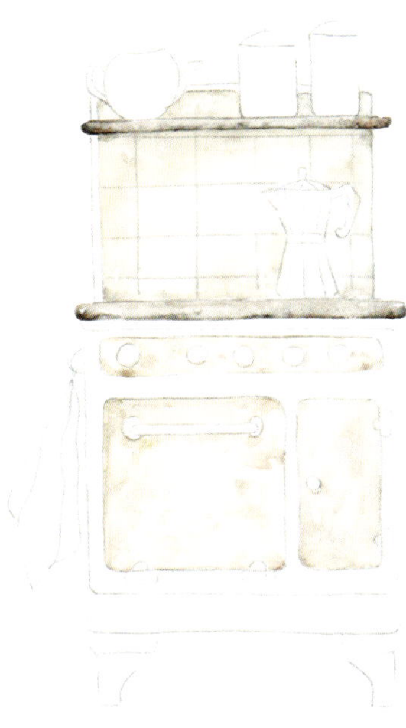

1 Die ersten Flächen werden mit dem 6er-Rundpinsel und verdünntem Umbra grünlich grundiert. Dazu gehören die Rückwand, die beiden Klappen und die Griffleiste. Achte auch wieder darauf, solange die Fläche noch nass ist, mit etwas pigmentierterer Farbe in die Ecken zu gehen. Warte kurz, bis alles angetrocknet ist, und male dann das obere Regal und das Kochfeld mit verdünntem Eisenoxidschwarz. Gib auch hier im noch nassen Zustand pigmentiertere Farbe an den Rand.

2 Wenn die ersten Flächen gut getrocknet sind, folgt der Rest in verdünntem Paynesgrau bläulich. Arbeite etwas nasser und gib immer mal wieder Umbra natur in die nasse Farbe, vorzugsweise an Ecken und Kanten. So bekommst du einen richtig tollen rostigen Shabby-Look.

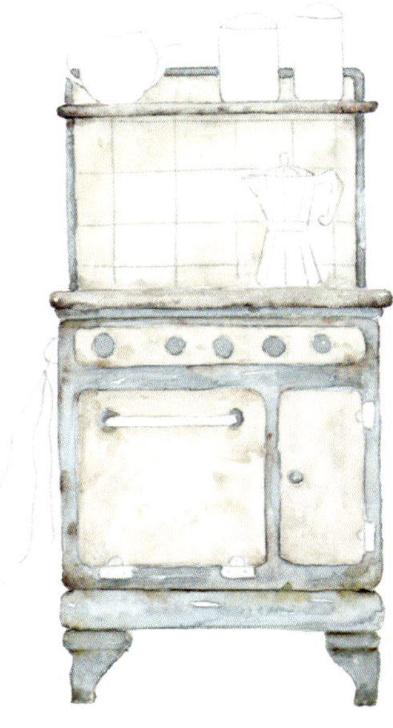

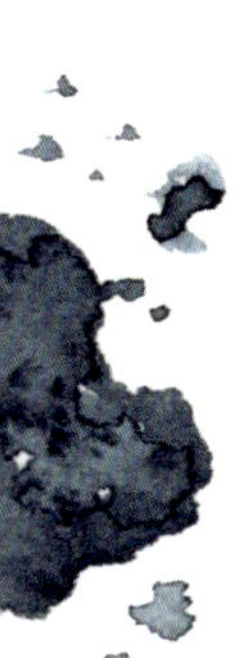

3 Nimm nun Mahagonibraun und male damit die Teekanne. Gehe direkt noch mal unten mit Mahagonibraun rein, um die Rundung anzudeuten. Danach kommen die beiden Dosen in Umbra grünlich. Das Handtuch kannst du in einer Mischung aus Kadmiumgelb und Umbra grünlich malen. Die Schatten deutest du mit reinem Umbra grünlich an.

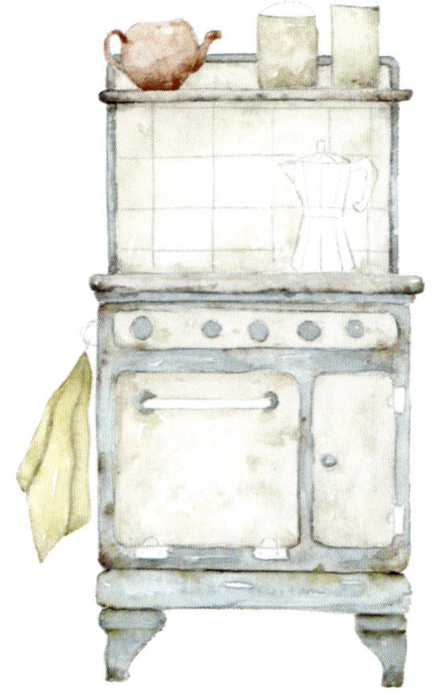

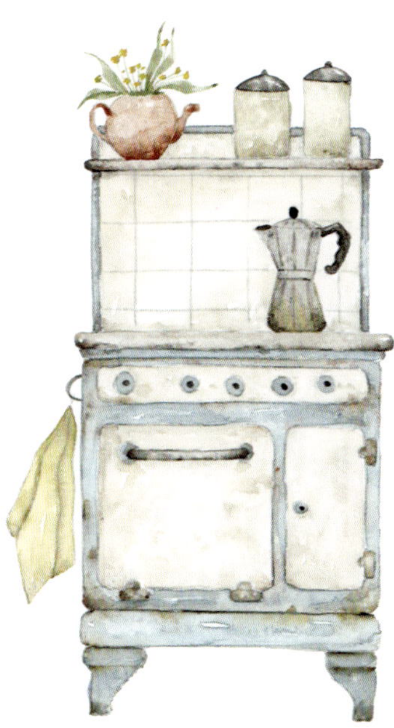

4 Nun folgen alle Details mit Eisenoxidschwarz. Das sind die Deckel der Dosen, die Scharniere und die kleinen Applikationen am Ofen. Im Fokus steht hier die Kaffeekanne. Grundiere sie erst an einem etwas helleren Eisenoxidschwarz und gib unten etwas Umbra natur mit hinein. Wenn die Kanne trocken ist, werden die Griffe mit dunklem Eisenoxidschwarz gemalt. Nun noch schnell die Blumen mit Grüne Erde und Kadmiumgelb einfügen und du kannst deinen Pinsel beiseitelegen.

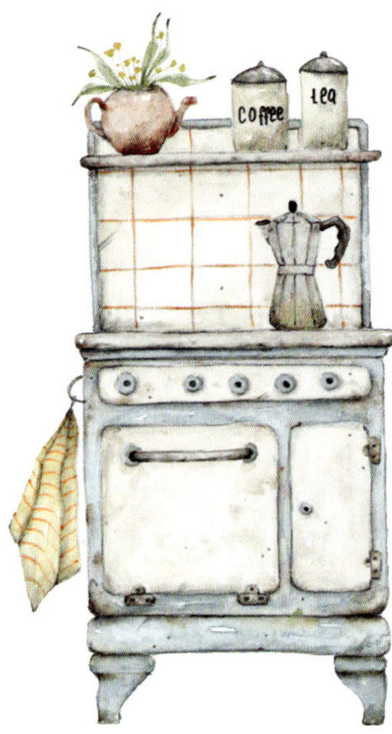

5 Den letzten Schritt machst du mit Blei- und Buntstift und einem Papierwischer. Setze als Erstes überall Schatten, zum Beispiel unter dem Regal, unter dem Kochfeld und unterhalb der Klappen. Das machst du, indem du die Fläche mit dem Bleistift leicht schraffierst und anschließend mit dem Papierwischer verblendest. Du kannst auch mit dem Bleistift einige Kanten betonen und so etwas Struktur zaubern. Zum Schluss nimmst du einen roten Buntstift und malst die Muster auf Handtuch und Rückwand.

Tipp

Sollte dir eine Beschriftung mal nicht gelingen, dann schneide dir einfach ein Stückchen Aquarellpapier aus und bastle daraus kleine Schilder, die du darüberkleben kannst.

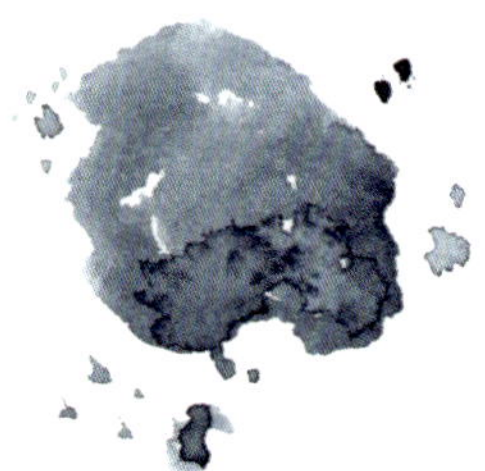

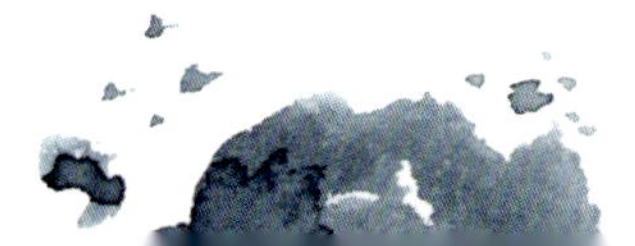

Rost-Romantik

Rost wird oft als Symbol für Verfall und Vergänglichkeit betrachtet. Dennoch hat Rost auch in der Kunst und im Design eine gewisse Ästhetik entwickelt und wird manchmal absichtlich verwendet, um einem Gegenstand einen antiken oder verwitterten Look zu verleihen. Ich liebe es, meine Illustrationen in diesem rostigen Look erscheinen zu lassen, deswegen durfte so ein alter Ofen in diesem Buch nicht fehlen.

Wenn du noch nicht genug von Rost hast, dann versuche dich doch einfach mal alleine an dieser Illustration. Die Vorlage findest du hinter dem QR-Code.

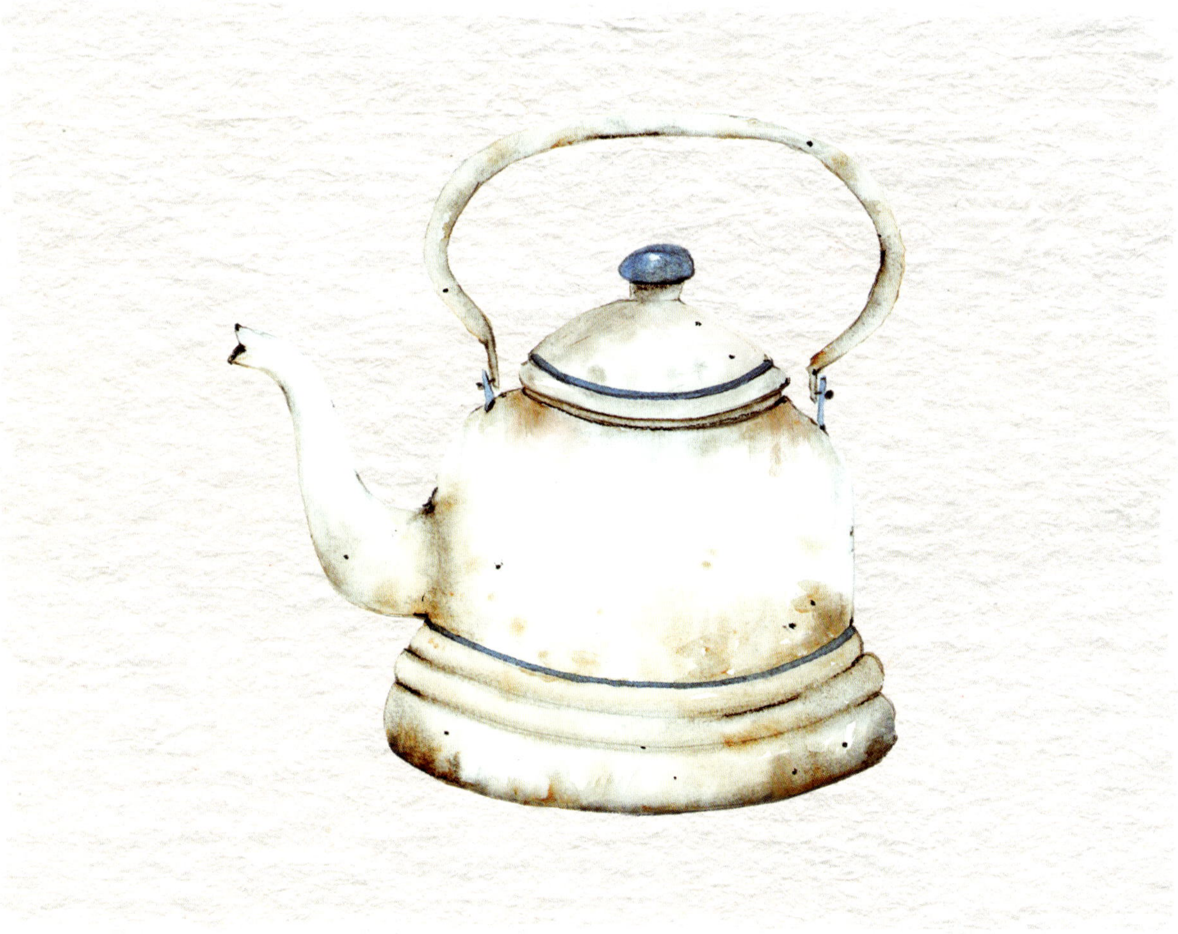

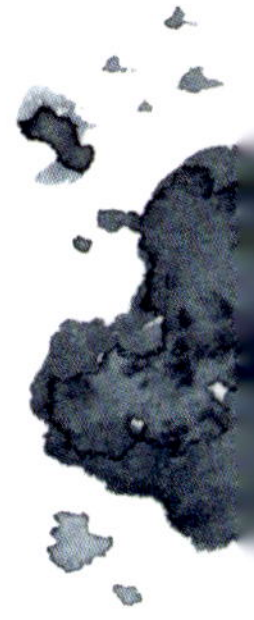

Der Treppenaufgang

Dieser rustikale Treppenaufgang könnte vielleicht in einem Chalet sein. Irgendwo hoch oben in den verschneiten Bergen. Hörst du das Feuer im Kamin knistern?

Farben

 516 GRÜNE ERDE

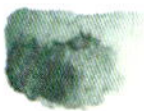 533 KOBALTGRÜN TIEF

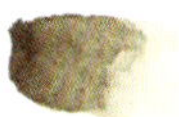 665 UMBRA GRÜNLICH

 787 PAYNESGRAU BLÄULICH

 667 UMBRA NATUR

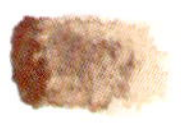 672 MAHAGONIBRAUN

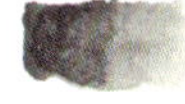 791 EISENOXIDSCHWARZ

Materialien

Papier
- ✓ Hahnemühle Britannia cold pressed

Pinsel
- ✓ 8er-Verwaschpinsel
- ✓ 6er-Rundpinsel
- ✓ 2er-Schlepper

Stifte
- ✓ Druckbleistift, B-Miene
- ✓ roter Buntstift

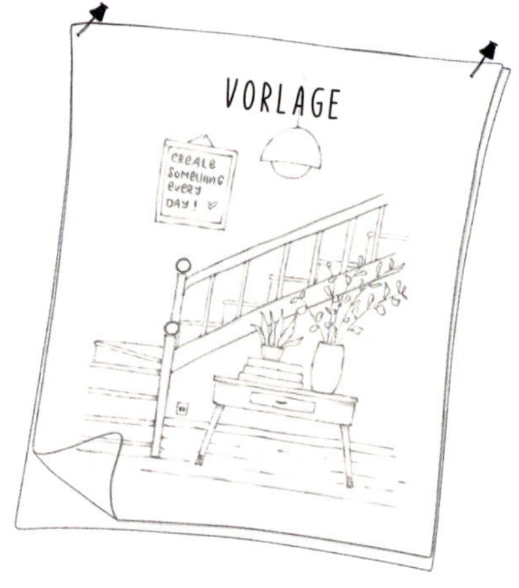

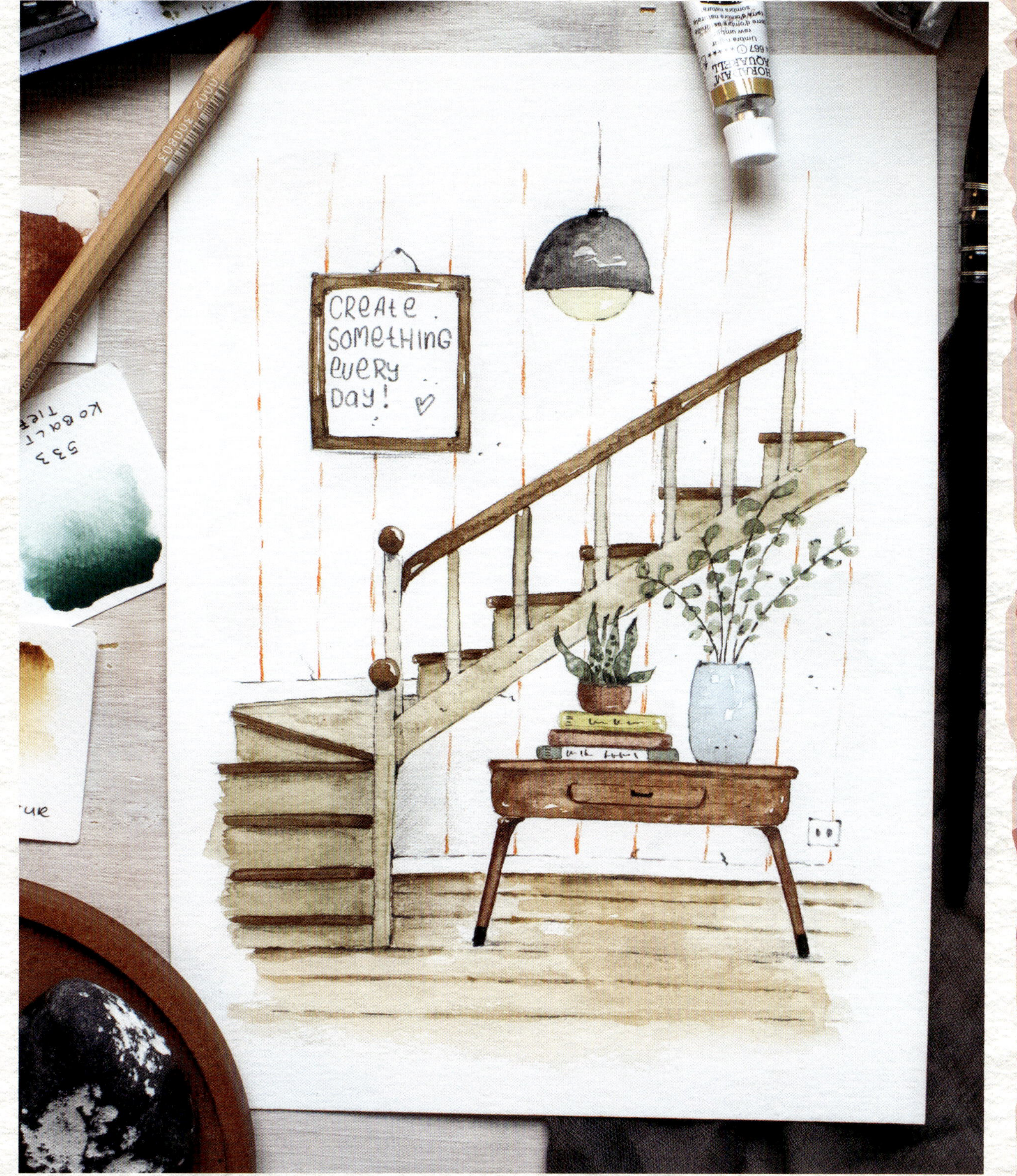
Create something every day!

DER TREPPENAUFGANG

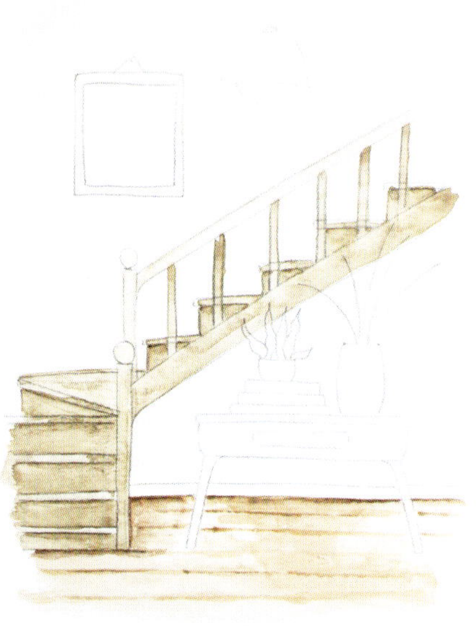

1 Im ersten Schritt geht es schon zur Sache, denn du grundierst direkt die drei großen Flächen. Nimm deinen Verwaschpinsel und beginne mit der Wand und sehr viel verdünntem Eisenoxidschwarz. Während die Wand trocknet, kannst du schon den Boden in Umbra natur verdünnt grundieren. Achte hier darauf, an verschiedenen Stellen immer mal wieder darüberzugehen und die Bodendielen auch schon mit ein paar leichten Strichen anzudeuten. Als Nächstes kannst du dir deinen Rundpinsel nehmen und die Treppe in Umbra grünlich grundieren.

2 Wenn alles gut getrocknet ist, kannst du mit dem Rundpinsel Umbra natur mit etwas mehr Pigment als beim Boden aufnehmen. Damit malst du die Verzierungen an der Treppe, den Handlauf und den Bilderrahmen. Achte auch hier wieder darauf, an manchen Stellen noch mehr Pigment aufzutragen, um einen unebenen Holzlook zu bekommen. Du kannst den Handlauf auch ein bisschen mit einem Küchentuch abtupfen, das gibt ebenso eine tolle Struktur.

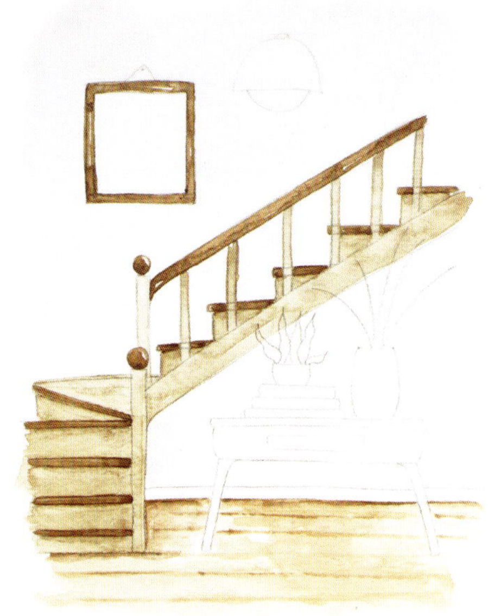

3 Im nächsten Schritt malst du das Tischlein in Kastanienbraun. Auch hier kannst du gerne noch mal mit etwas Pigment nacharbeiten. Warte ein bisschen, bis der Tisch gut getrocknet ist, und bemale dann die Bücher mit Farbresten, die du auf deiner Palette hast. Ich finde, Farbreste eignen sich für diese kleinen bunten Details besonders gut.

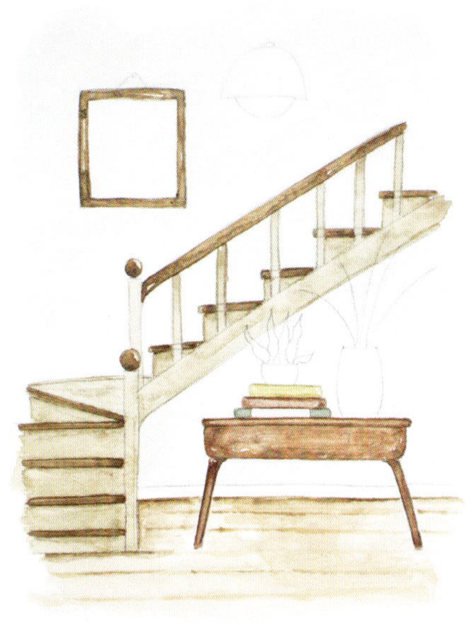

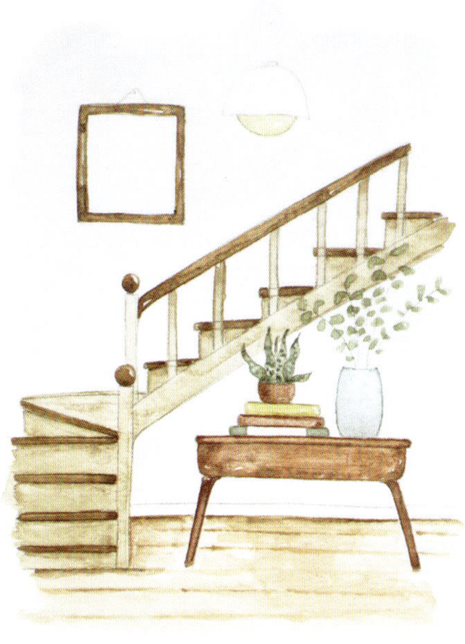

4 Kommen wir nun zu den Pflanzen. Auch diese kannst du mit deinem 6er-Rundpinsel bearbeiten. Die erste Schicht wird mit Grüne Erde aufgetragen. Hier kannst du schön hochpigmentiert arbeiten. Wenn dir das Braun von der Treppe zu dunkel geworden ist, nimm mit einem feuchten Pinsel (nur klares Wasser) etwas Pigment ab. Wenn die linke Pflanze angetrocknet ist, kannst du mit dem Schlepper etwas Kobaltgrün tief hineintupfen. Dann malst du mit verdünntem Kadmiumgelb den unteren Teil der Lampe und mit verdünntem Paynesgrau bläulich die Vase. Wenn die kleine Pflanze getrocknet ist, kommt noch der Topf in Kastanienbraun.

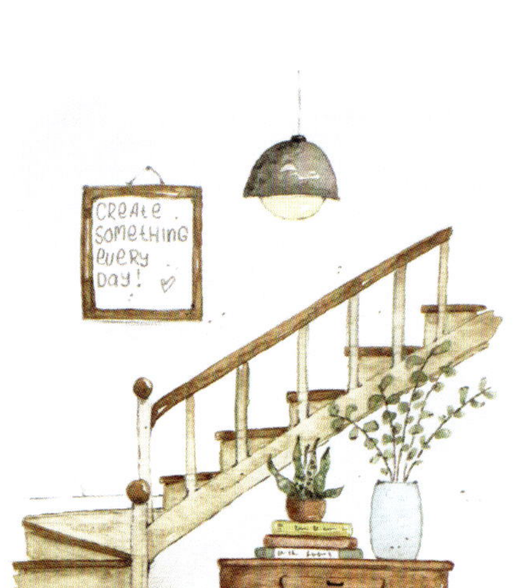

5 Zuletzt folgt der Lampenschirm in Eisenoxidschwarz. Dann kannst du die Aquarellfarben beiseitelegen, deinen Bleistift zücken und ran an die Details. Fahre die Fußleisten entlang, zeichne die Steckdose, setze hier und da ein paar Punkte oder auch kleine Risse in die Wand. Dort, wo die Schatten hinsollen, beispielsweise unter den Stufen und unter dem Tisch, kannst du einfach ein bisschen schraffieren und es dann mit dem Finger verwischen. Vergiss nicht, einen kleinen Spruch oder eine kleine Illustration in deinen Bilderrahmen zu malen.

6 Theoretisch ist dein Bild jetzt fertig. Wenn du aber noch ein bisschen mehr Kontraste einarbeiten möchtest, kannst du mit einem roten Buntstift eine Tapete in deinen Treppenaufgang malen. Hierbei ist es schöner, wenn du bei den Strichen nicht immer gleichmäßig aufdrückst, da es sonst schnell zu flächig wirkt.

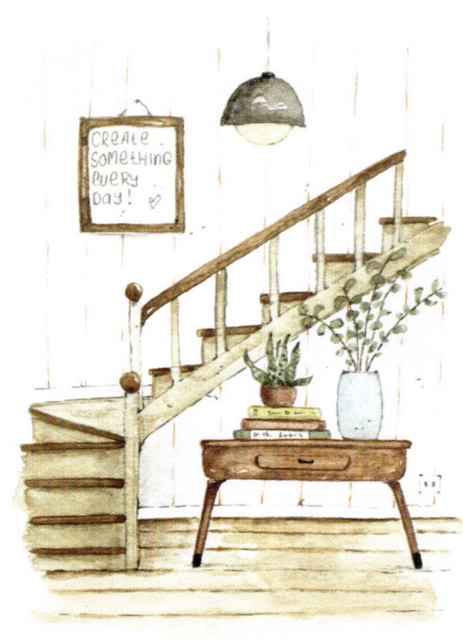

Tapetenvarianten

Nicht nur Bilder an den Wänden, sondern auch Tapeten können bei einem Bild unwahrscheinlich viel ausmachen. Schaue alleine mal bei diesem Bild, welchen Unterschied es jeweils zwischen gar keiner Tapete und anderen Farben und Formen auf der Tapete macht. Vielleicht hast du ja Lust, dich mal an einer Blümchentapete zu versuchen?

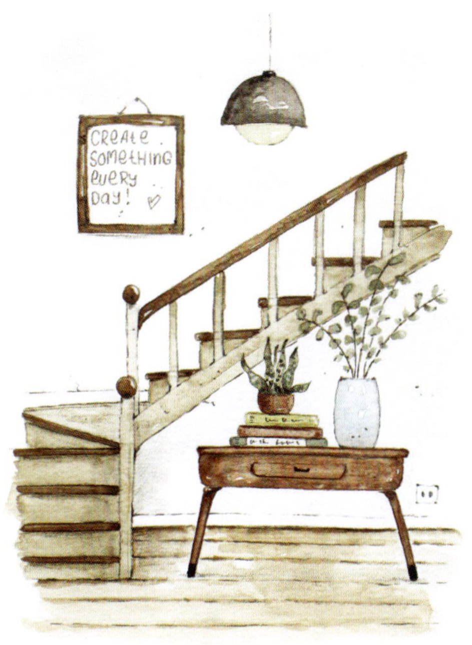

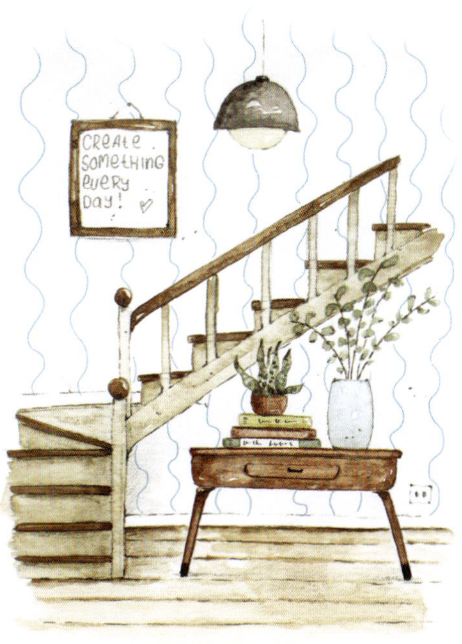

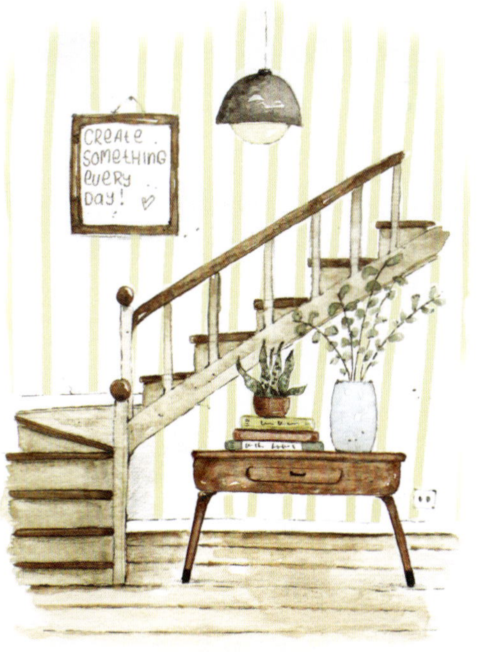

Kreativer Schreibtisch

Ein kreativer Arbeitsplatz in bunter Pracht. Pinsel und Stifte liegen bereit, voller Schaffenskraft. Deine Farben tanzen auf dem Papier. Hier entsteht deine Kunst, dein Ausdruck der Fantasie.

Farben

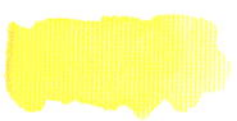 224 KADMIUMGELB

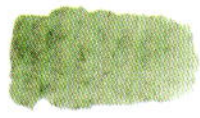 516 GRÜNE ERDE

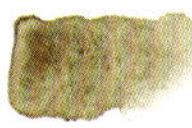 665 UMBRA GRÜNLICH

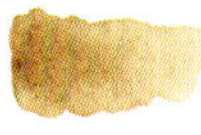 667 UMBRA NATUR

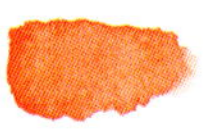 348 KADMIUMROTORANGE

 787 PAYNESGRAU BLÄULICH

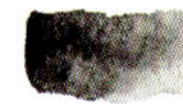 791 EISENOXIDSCHWARZ

Materialien

Papier
- ✓ Hahnemühle Expression

Pinsel
- ✓ 6er-Rundpinsel
- ✓ 2er-Schlepper

Stifte
- ✓ Druckbleistift
- ✓ Papierwischer

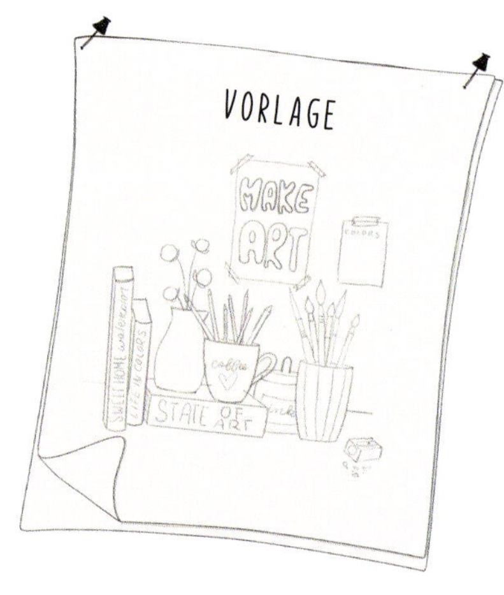

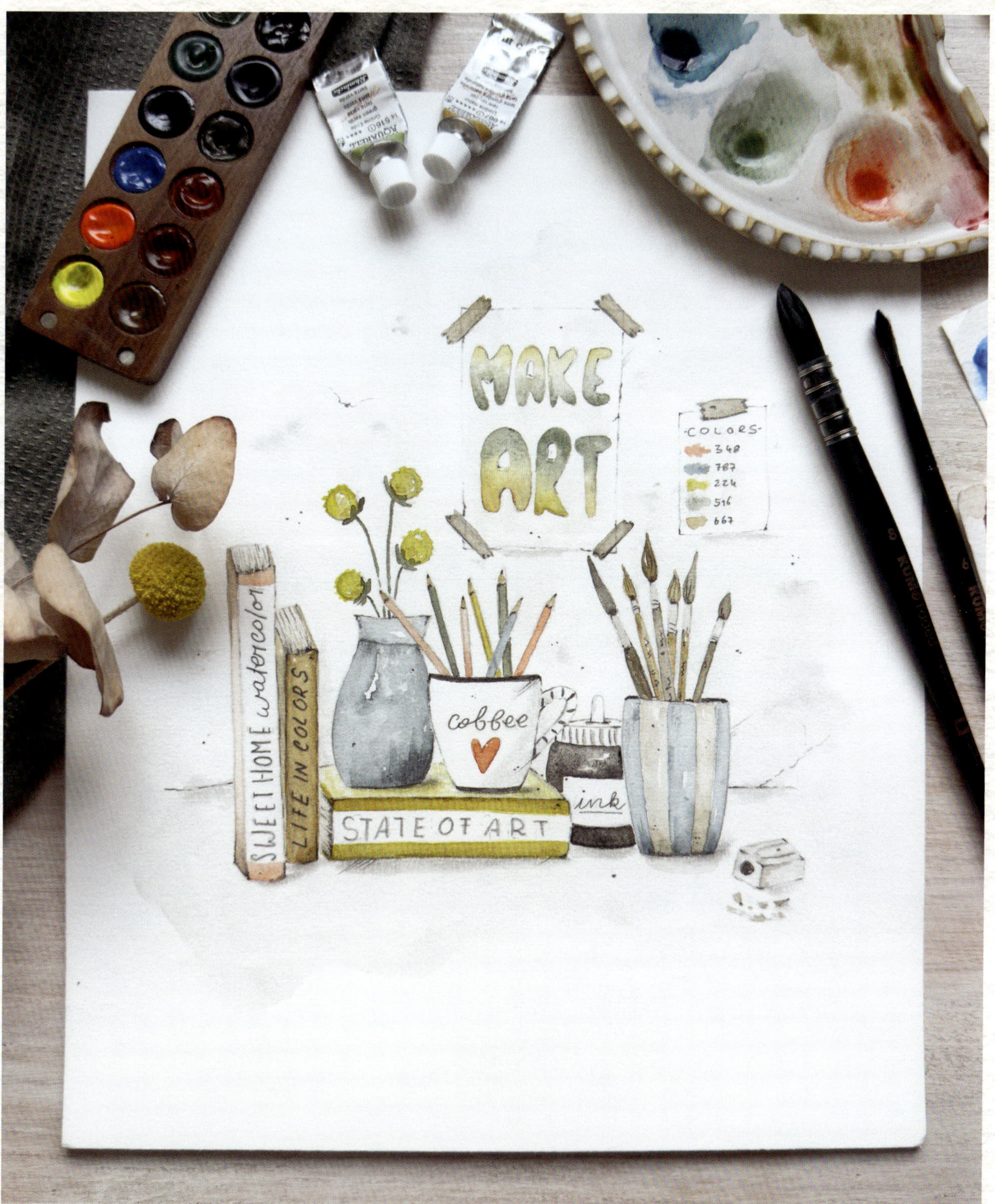
MAKE
ART
COLORS
348
787
224
516
667
SWEET HOME watercolor
LIFE IN COLORS
coffee
STATE OF ART
ink

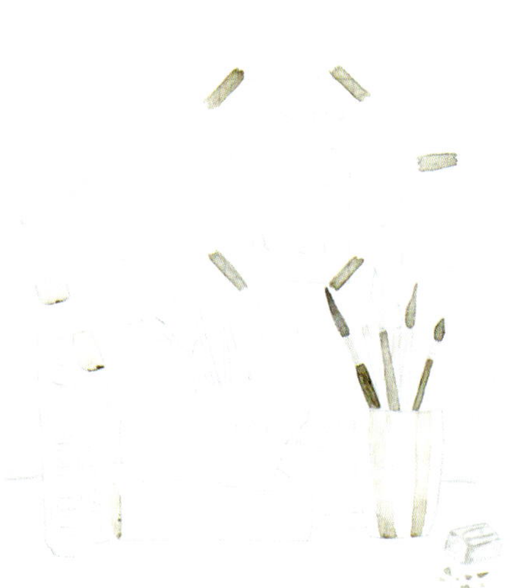

1 Im ersten Schritt gibt es schon ordentlich was zu tun. Nimm dir den Verwaschpinsel und verdünntes Eisenoxidschwarz. Damit grundierst du als Erstes die Wand und die Fläche des Schreibtisches. Warte kurz, bis die Farbe etwas angetrocknet ist, und wechsle zum 6er-Rundpinsel. Male die Klemmen der Pinsel und den Spitzer ebenfalls mit Eisenoxidschwarz aus. Mit verdünntem Umbra grünlich malst du die Buchseiten und die Streifen auf dem Becher; außerdem die Klebestreifen und ein paar der Pinsel.

2 Nun nimmst du dir etwas Kadmiumrotorange und malst damit das äußere Buch, einige der Buntstifte und das Herz auf dem Becher. Auf der kleinen Farbkarte an der Wand kannst du auch ein wenig von dem Rot auftragen. Danach wechselst du zu Paynesgrau bläulich und malst damit die Vase, einige Buntstifte und die restlichen Streifen auf dem Becher. Gib auch von dem Blau ein wenig auf die Farbkarte an der Wand.

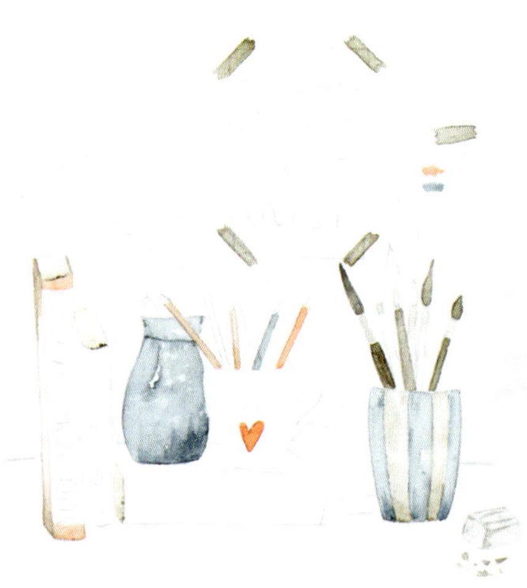

3 In Umbra natur malst du nun das zweite Buch und die restlichen Pinsel. Das dritte Buch wird in Kadmiumgelb gemalt, genau wie die Blüten und ein paar Buntstifte. Mit Grüne Erde werden die Stiele und die restlichen Buntstifte gemalt. Den Schriftzug kannst du mit Kadmiumgelb und Grüne Erde in der Nass-in-Nass-Technik gestalten. Denke daran, die Farben auch auf der kleinen Farbkarte abzubilden. Mit Eisenoxidschwarz folgen ein paar Streifen auf der Tasse und das Tintenfass bekommt einen dunklen Anstrich.

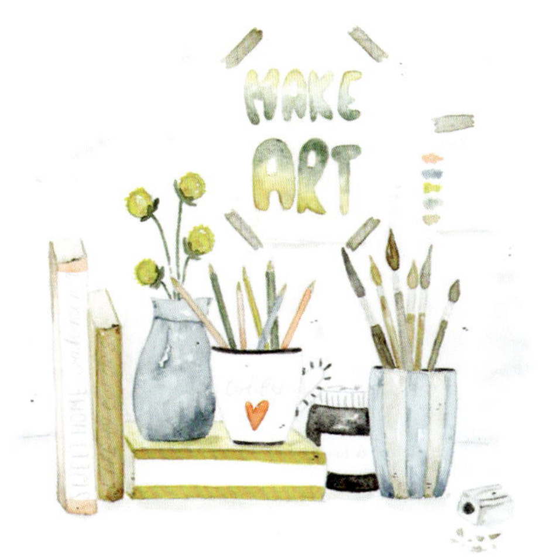

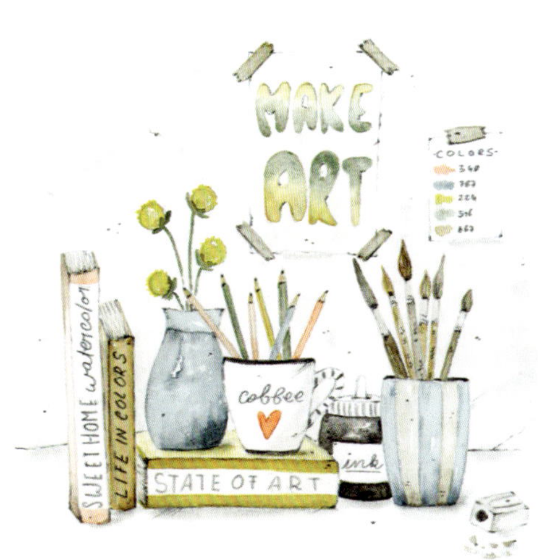

4 Bleistiftfinale! Setze nun überall Struktur und Schatten. Außerdem fehlen noch ein paar kleine Risse an der Wand, du kannst die Bilder leicht nachziehen und die Bücher beschriften. Verwende für die Schatten wieder den Papierwischer: Erst etwas Grafit an den gewünschten Stellen aufs Papier geben und dann mit dem Wischer verblenden.

Kleiner Schreibtisch

Da steht er, der kleine Schreibtisch. An der Wand ein paar Erinnerungen. Doch trotz seiner verhältnismäßig geringen Größe bietet er genügend Platz für deine kreative Entfaltung.

Farben

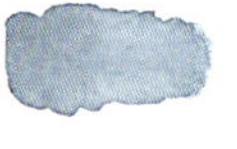 787 PAYNESGRAU BLÄULICH

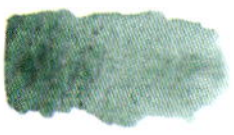 533 KOBALTGRÜN TIEF

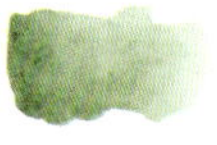 516 GRÜNE ERDE

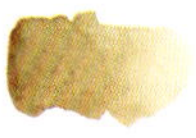 667 UMBRA NATUR

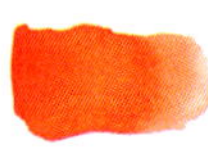 348 KADMIUMROTORANGE

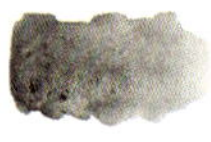 791 EISENOXIDSCHWARZ

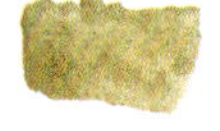 893 GOLD

Materialien

Papier
✓ Hahnemühle Expression

Pinsel
✓ 6er-Rundpinsel
✓ 2er-Schlepper

Stifte
✓ Druckbleistift
✓ Papierwischer

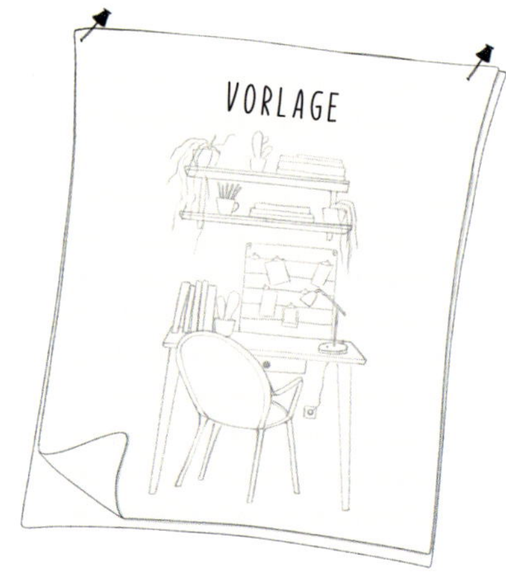

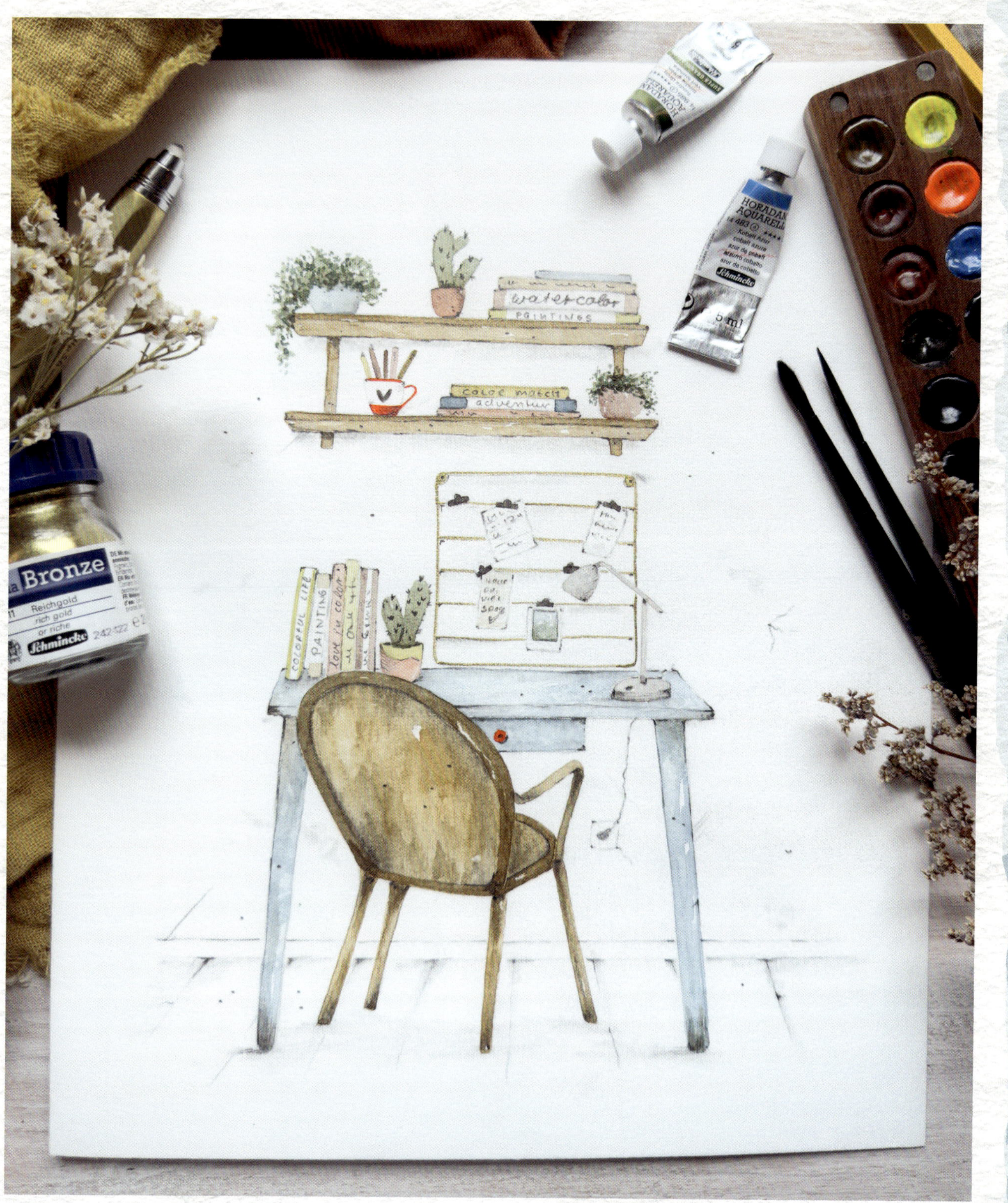

watercolor
PAINTINGS
color match
adventure
COLORFUL LIFE
PAINTING
love in color
HORADAM
AQUARELL
Schmincke
5 ml
Bronze
Reichgold
rich gold
or riche
242 122
Schmincke

KLEINER SCHREIBTISCH

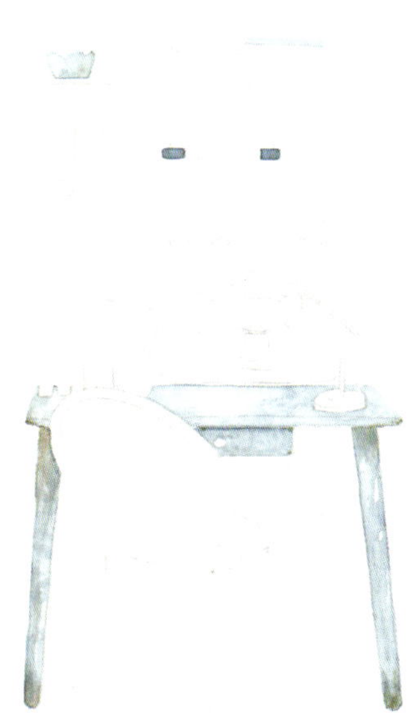

1 Nimm dir den 6er-Rundpinsel und Paynesgrau bläulich. Male als Erstes den Schreibtisch. Mache das ruhig etwas nasser und tupfe ab und an etwas Pigment weg. Sollte dabei zu viel Farbe abgenommen werden, kannst du wieder etwas hinzugeben. An den Kanten und unten an den Beinen gibst du, solange die Farbe noch nass ist, etwas Umbra grünlich dazu. Du kannst auch schon die ersten Elemente in den Regalen mit Paynesgrau bläulich malen.

2 Mit Umbra natur malst du nun die Regale. Die vordere Kante sollte etwas dunkler sein als der Rest. Am besten wartest du, bis die Regale trocken sind, und gehst dann noch mal über die Kante.

Danach folgt der Stuhl in derselben Farbe. Hier kannst du, gerade an der Rückenlehne, etwas Pigment mit dem Tuch wegtupfen. So entsteht direkt ein etwas abgegriffener Look. An den Kanten gibst du ein wenig Eisenoxidschwarz hinzu.

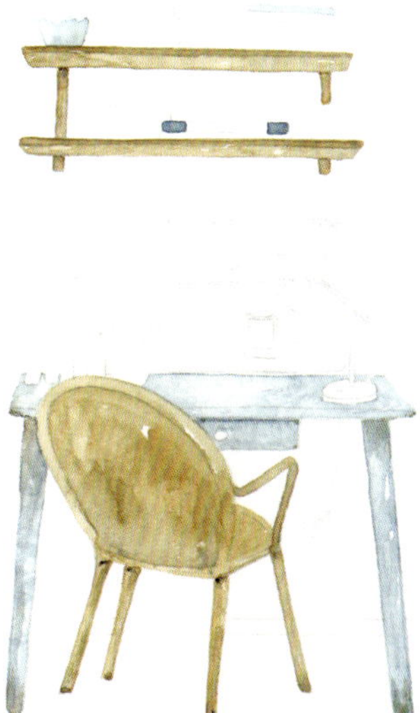

3 Solange der Stuhl trocknet, kannst du mit den Farbresten aus deinem Kasten die Elemente in den Regalen malen. Achte darauf, nicht zu bunt zu werden.

Wenn der Stuhl gut getrocknet ist, nimm eine Mischung aus Umbra natur und etwas Eisenoxidschwarz und male damit etwas Struktur auf die Rückenlehne. Danach kannst du den Rahmen des Stuhls noch mal nachfahren.

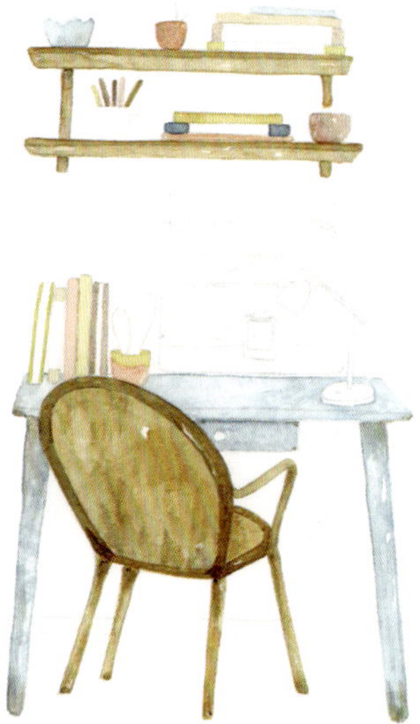

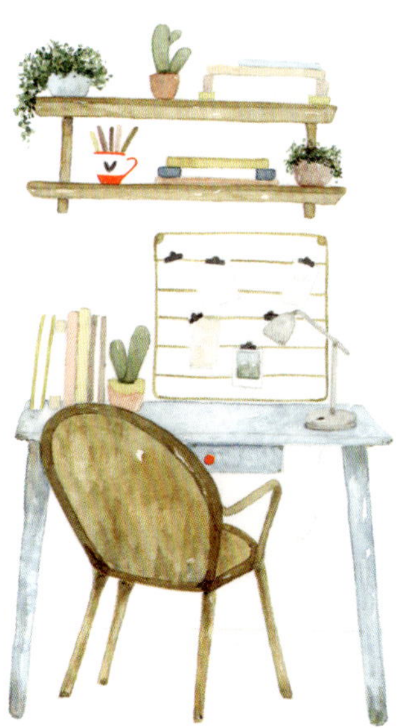

4 Mit Grüne Erde und etwas Kobaltgrün tief malst du die Pflanzen. Die Lampe wird Eisenoxidschwarz, genau wie die kleinen Klemmen. Deute auf den Zetteln Bilder an oder grundiere sie in einem ganz hellen Eisenoxidschwarz. Der Griff und die Tasse werden Kadmiumrotorange. Ist alles trocken, folgt mit Gold und dem Schlepper oder einem goldenen Stift das Gitter. Nutze Bleistift und Papierwischer für Schatten, Dreck, Punkte und Risse an der Wand. Vergiss nicht die Steckdose, die Bücher zu beschriften und ein paar Akzente zu setzen. Auch den Boden legst du mit Bleistift an und verblendest die Linien an den Enden.

Mädchen am Fenster

Hast du dir schon einmal vorgestellt, wie es wäre, mitten im Big Apple zu wohnen? Dein kleiner Rückzugsort hoch über dem Boden, mitten in dieser quirligen Umgebung. Ich glaube, ich könnte dort stundenlang aus dem Fenster schauen.

Farben

- 672 MAHAGONIBRAUN
- 651 KASTANIENBRAUN
- 667 UMBRA NATUR
- 516 GRÜNE ERDE
- 533 KOBALTGRÜN TIEF
- 787 PAYNESGRAU BLÄULICH
- 665 UMBRA GRÜNLICH
- 791 EISENOXIDSCHWARZ

Materialien

Papier
✓ Hahnemühle Expression

Pinsel
✓ 8er-Verwaschpinsel
✓ 6er-Rundpinsel
✓ 2er-Schlepper

Stifte
✓ Druckbleistift
✓ Papierwischer

Sonstiges
✓ Maskingfluid

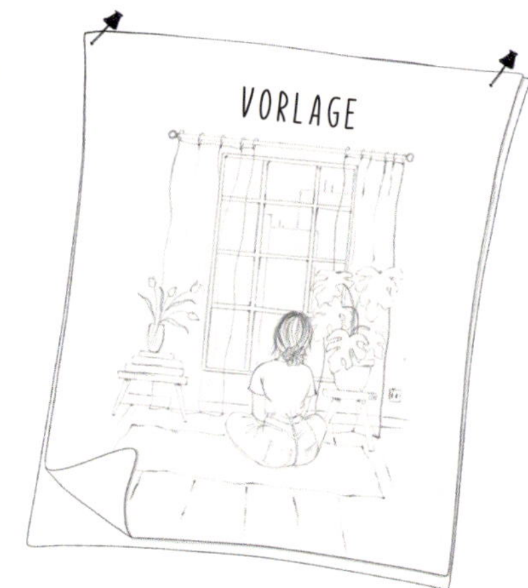

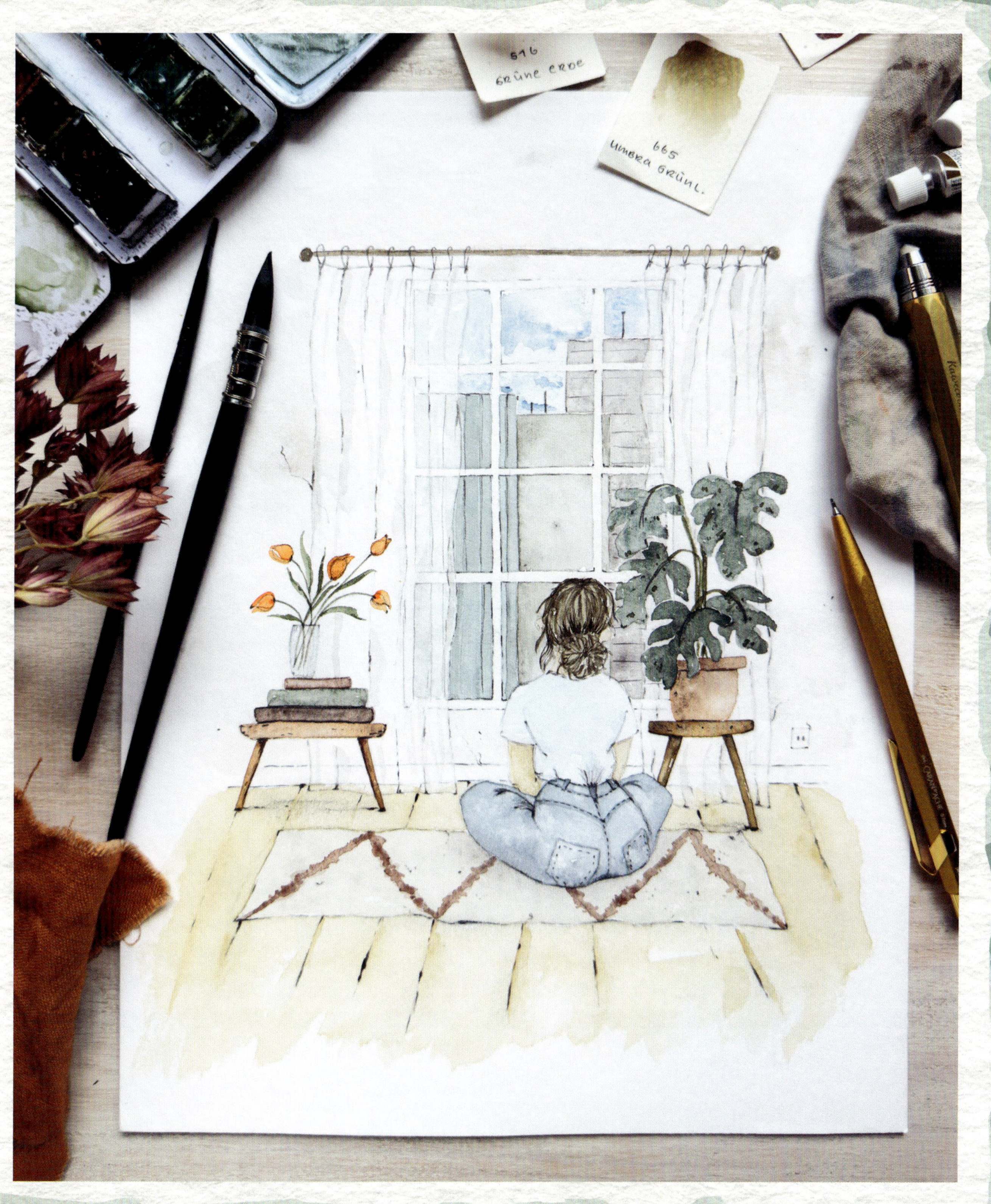
816
Grüne Erde
665
Umbra Grünl.

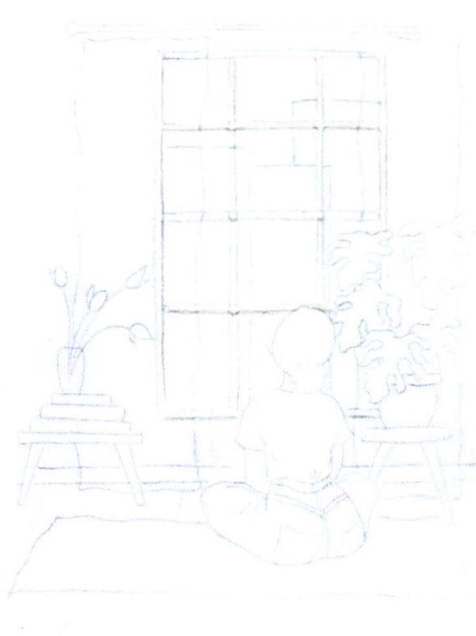

1 Trage als Erstes auf dem Fensterrahmen und den Sprossen Maskingfluid auf. Das geht am besten mit einer Reißfeder. Während das Fluid trocknet, kannst du mit verdünntem Eisenoxidschwarz und dem Verwaschpinsel unregelmäßig die Wand grundieren. Achte hier schon darauf, dass alles, was hinter dem Vorhang ist, heller ist.

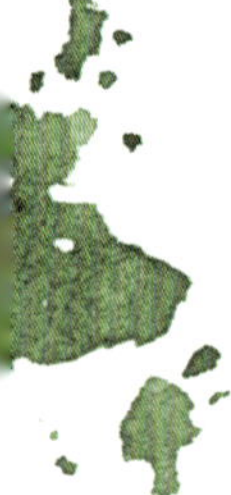

2 Als Nächstes kannst du mit dem Verwaschpinsel und Umbra natur den Boden grundieren. Wenn das Maskingfluid gut getrocknet ist, folgt der Himmel mit Kobalt Azur in der Nass-in-Nass-Technik. Tupfe alles, was hinter dem Vorhang ist, mit einem Küchentuch etwas heller. Wenn du magst, lass ein paar Wölkchen stehen. Jetzt nimmst du dir verdünntes Mahagonibraun und malst den Teppich. Hier kannst du rund um das Mädchen schon ein bisschen Schatten tupfen.

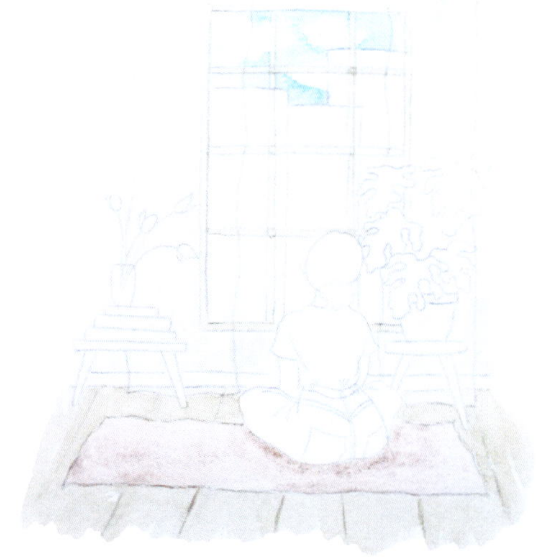

3 Nun kommen die äußeren beiden Hochhäuser in Kobaltgrün tief und Eisenoxidschwarz. Auch hier tupfst du wieder alles hinter dem Vorhang heller. Außerdem kannst du schon die kleinen Tischchen und die Vorhangstange in Kastanienbraun malen. Gib an den Kanten etwas Eisenoxidschwarz hinzu, um eine holzartige Struktur zu bekommen.

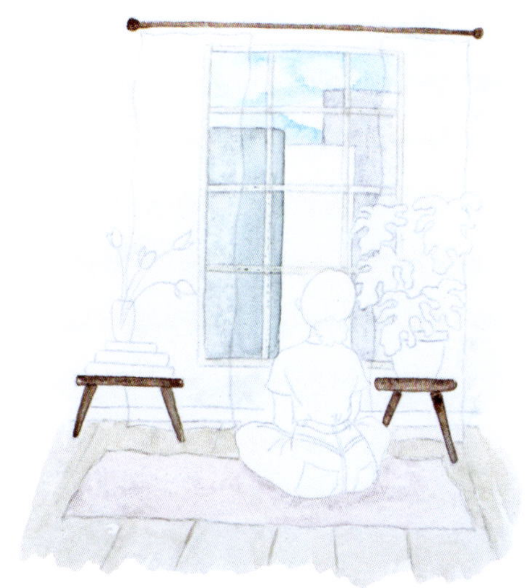

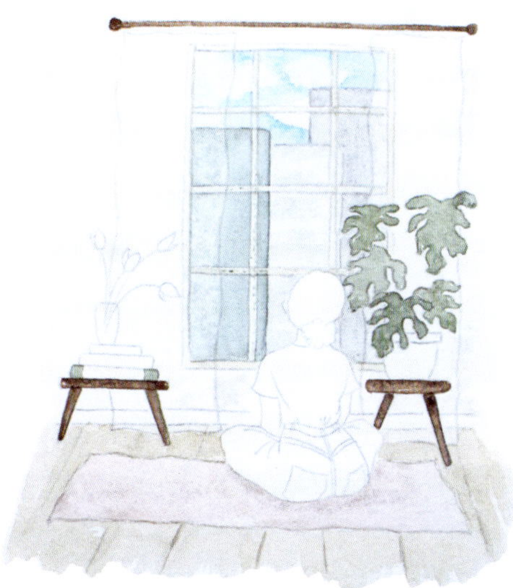

4 Wenn die Häuser getrocknet sind, kannst du das mittlere in einer verdünnten Mischung aus Eisenoxidschwarz und Kobaltgrün tief malen. Als Nächstes kolorierst du die Blätter der Pflanze mit Grüne Erde. Mit derselben Farbe kannst du auch schon dein erstes Buch ausmalen, am besten mit dem Rundpinsel.

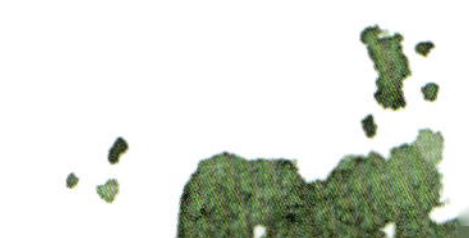

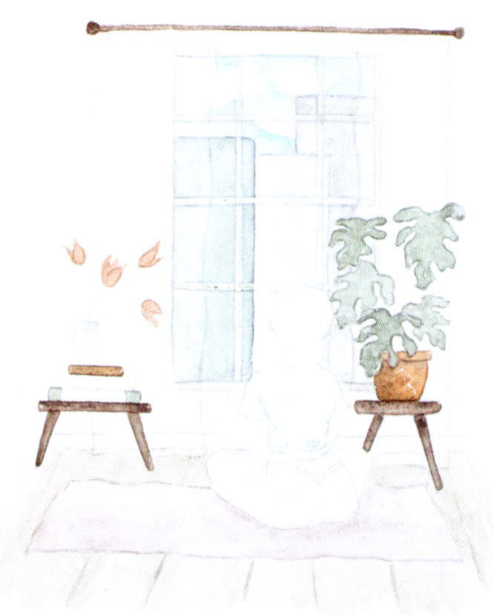

5 Jetzt malst du den Pflanzentopf mit dem Rundpinsel und Kastanienbraun. Gib auf einer Seite ein bisschen mehr Pigment hinein, um Schatten zu erzeugen. Mit derselben Farbe kannst du auch noch ein weiteres Buch malen. Als Nächstes kommen die Blumen in Kadmiumrotorange, dann die Vase und das T-Shirt in verdünntem Paynesgrau bläulich.

6 Im nächsten Schritt kümmerst du dich um die Haut unseres Mädchens. Diese kannst du, je nachdem, welchen Hautton dein Mädchen haben soll, mit verdünntem Umbra natur oder auch Mahagonibraun darstellen. Während die Farbe trocknet, malst du die Hose in Paynesgrau bläulich. Tupfe mit einem Küchentuch hinein, um einen verwaschenen Effekt zu bekommen. Mit der gleichen Farbe malst du direkt noch das letzte Buch. Nun kannst du die Haare mit verdünntem Umbra grünlich grundieren und die Stiele der Pflanze mit etwas hochpigmentierterem Umbra grünlich. Solange diese trocknen, kannst du schon mal mit verdünntem Eisenoxidschwarz einige Falten im Vorhang andeuten.

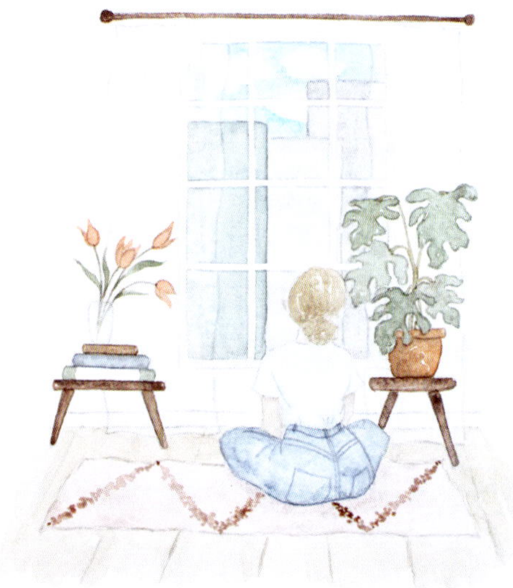

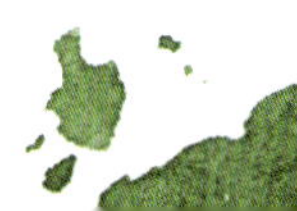

7 Nimm den Schlepper und hochpigmentiertes Umbra grünlich zur Hand, denn nun kommen die Haare an die Reihe. Hier malst du jedes Haar einzeln. Achte darauf, dass es oben am Scheitel, direkt am Dutt und in der Mitte des Dutts ein wenig dunkler wirkt. Schön ist es auch, wenn ihr ein paar Haare abstehen.

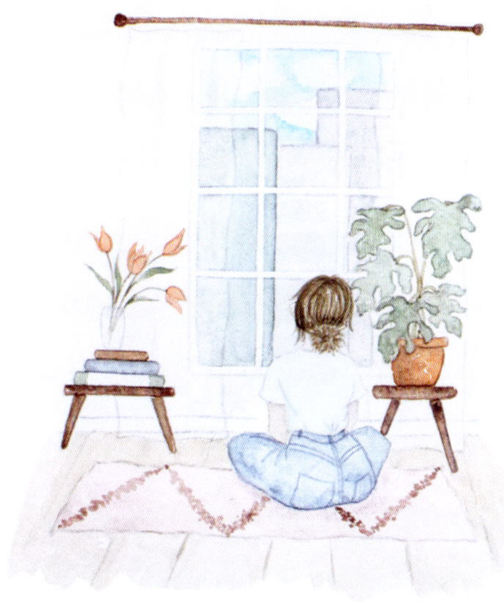

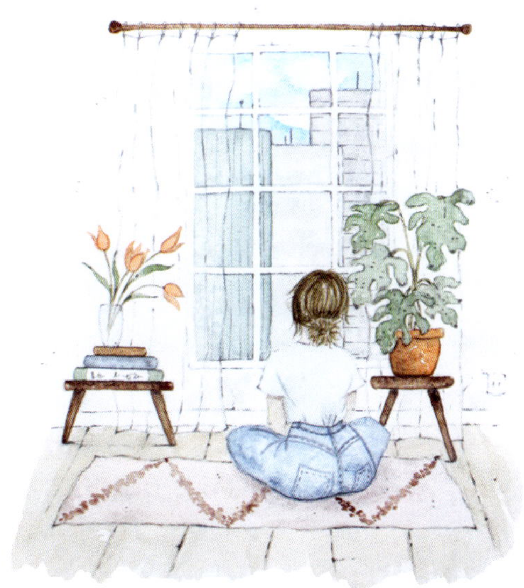

8 Zum Schluss ist wieder der Bleistift gefragt. Male als Erstes kleine Ringe an den Vorhang. Die Falten kannst du schön dunkel herausarbeiten. Setze ein paar kleine Punkte und Risse an die Wand und Linien an die Hochhäuser, um Fensterreihen anzudeuten. Achte bei der Fußleiste drauf, dass sie hinter dem Vorhang heller wirken muss. Unter den Tischchen kannst du mit etwas verwischter Schraffur Schatten andeuten. Fehlen nur noch ein paar Akzente auf dem Boden und die Nähte auf der Hose.

Das Küchenregal

Ein rustikales Küchenregal im industriellen Stil zieht alle Blicke auf sich. Alte Holzbohlen verleihen ihm den Charme vergangener Tage. Hier kannst du super die Tupftechnik anwenden. Darauf ein alter Teekessel, Zeuge unzähliger Geschichten und Genüsse.

Farben

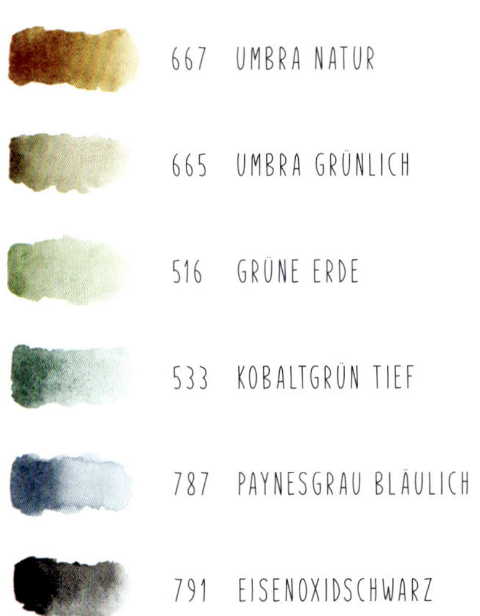

Materialien

Papier
- ✓ Hahnemühle Expression

Pinsel
- ✓ 8er-Verwaschpinsel
- ✓ 6er-Rundpinsel
- ✓ 2er-Schlepper

Stifte
- ✓ Druckbleistift
- ✓ Papierwischer
- ✓ Buntstifte

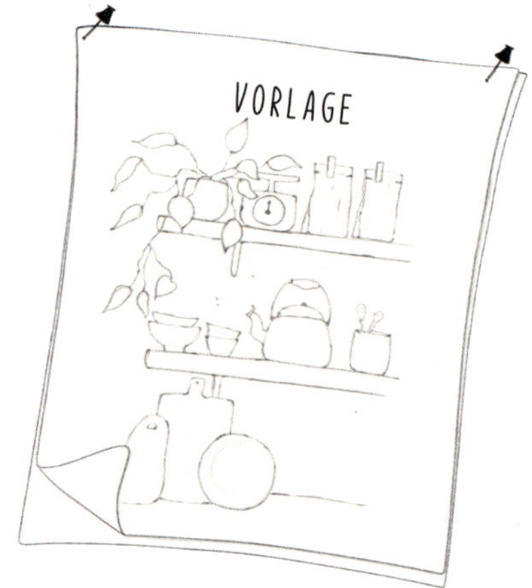

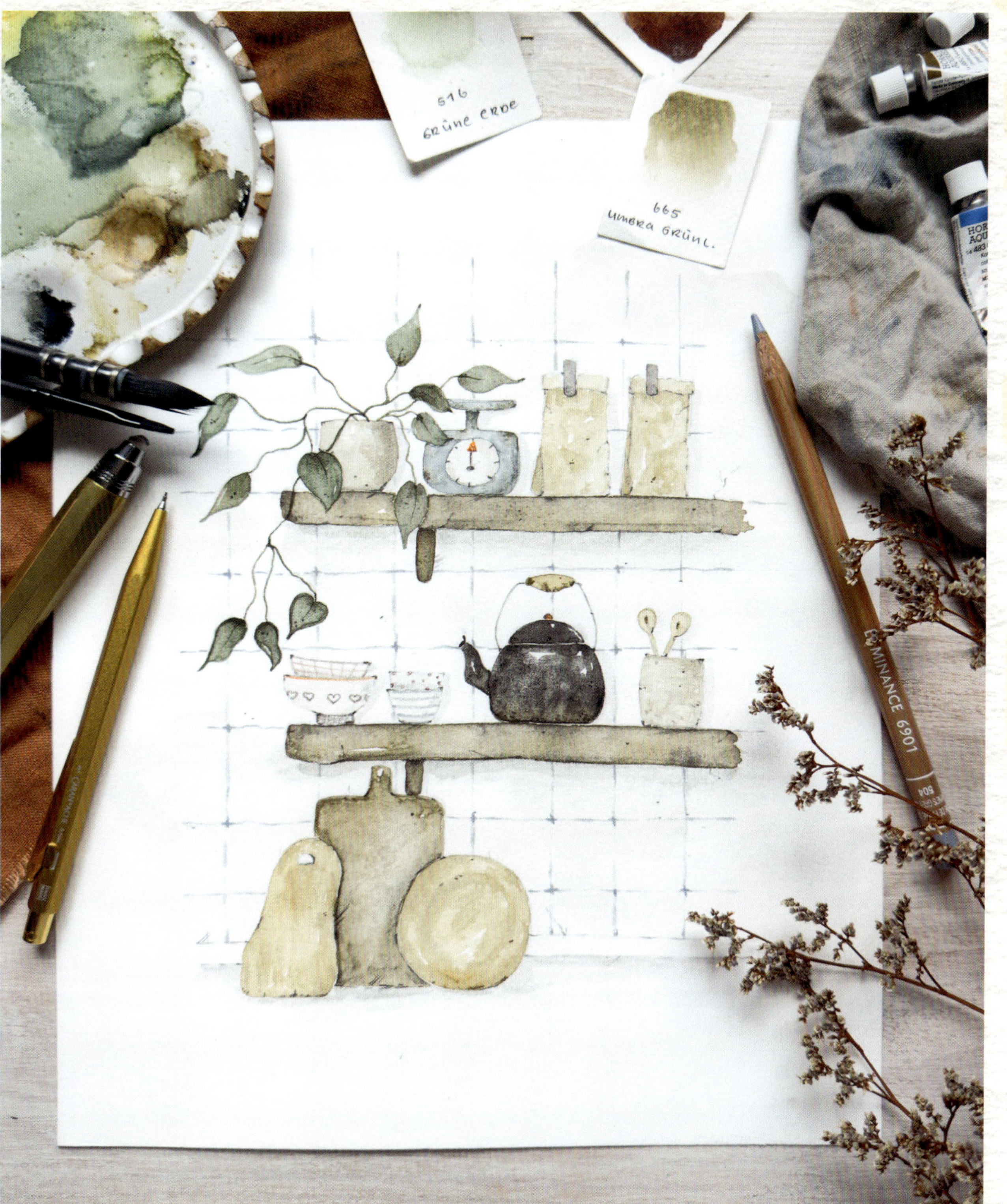
516
Grüne Erde
665
Umbra Grünl.

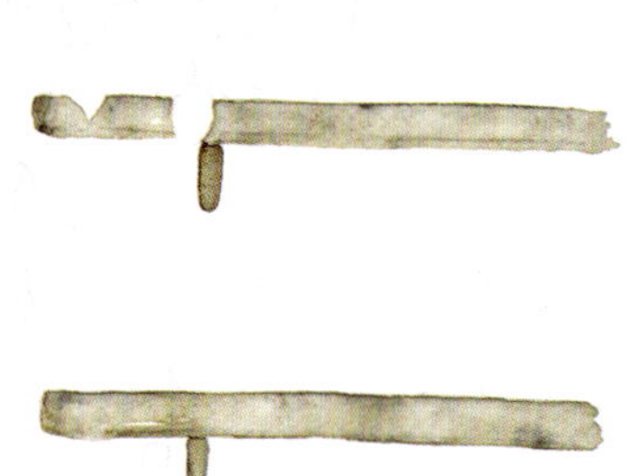

1 Du beginnst mit dem Verwaschpinsel und verdünntem Eisenoxidschwarz. Grundiere leicht tupfend die Wand. Warte kurz, bis die Farbe etwas getrocknet ist. Nimm dir dann den Rundpinsel und Umbra grünlich. Damit kannst du nun die Regale malen. Solange die Farbe noch nass ist, kannst du an den Kanten etwas hochpigmentierte Farbe hinzugeben.

2 Mit Umbra natur kannst du nun die äußeren beiden Brettchen, die Holzlöffel, den Griff des Teekessels und die Papiertüten ganz oben malen. Auch hier gibst du überall noch etwas mehr Pigment hinzu, solange die Farbe noch nass ist. Warte bei den Tüten, bis sie trocken sind, und gib dann noch mal etwas Farbe darauf, so bekommst du diesen knitterigen Look. Mit verdünntem Umbra grünlich kannst du nun den Blumentopf, das Ziffernblatt der Waage, die Schalen und den Becher bemalen.

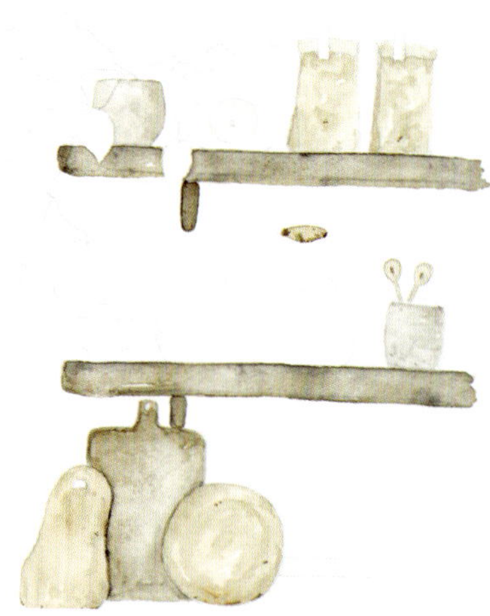

3 Jetzt nimmst du dir Paynesgrau bläulich und malst damit die Waage. Arbeite ein bisschen nasser und tupfe immer mal wieder etwas Pigment weg, um dann wieder etwas hinzuzugeben. An den Ecken kannst du Umbra grünlich einfließen lassen. So bekommst du einen alten, rostigen Look. Wenn die Waage trocken ist, kannst du direkt die Pflanze mit Grüne Erde malen und im Anschluss die Stiele in Umbra grünlich. Hierfür wechselst du am besten auf den Schlepper.

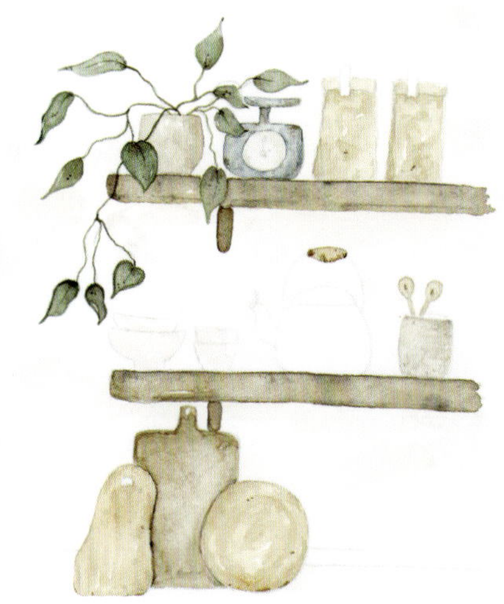

4 Nun fehlt uns noch der Teekessel. Nimm dir wieder den Rundpinsel und dunkles Eisenoxidschwarz und male den Kessel und den Deckel getrennt voneinander. Arbeite hier ruhig etwas nasser und achte darauf, einige Weißräume als Reflexionen stehen zu lassen. Gib unten in die nasse Farbe Umbra grünlich dazu. Die Klammern an den Papiertüten kannst du auch mit Eisenoxidschwarz malen.

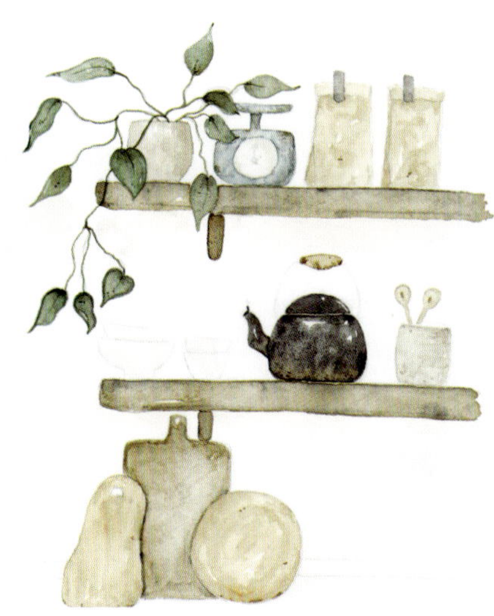

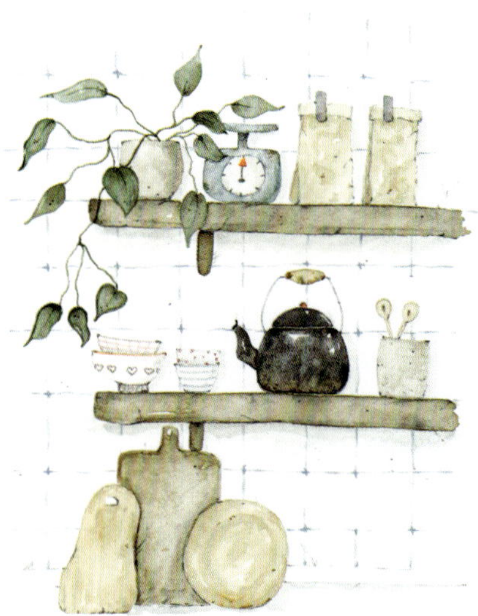

5 Details, Details, Details. Die Muster auf den Schalen kannst du mit Buntstiften malen. Schatten und Struktur kommen wieder mit Bleistift und Papierwischer hinzu. Bei den Regalen kannst du an den Kanten mit Bleistift ein paar Risse einfügen. Wenn du magst, kannst du ganz zum Schluss an die Wand noch ein Karomuster mit einem hellblauen Buntstift setzen.

Was könnte sonst noch in einem Küchenregal wie diesem stehen?

Schaue doch einfach mal in deiner Küche nach oder lass dich von diesen kleinen Elementen inspirieren.

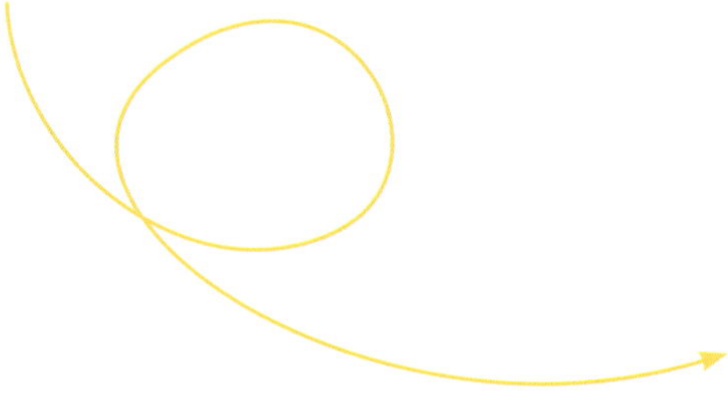

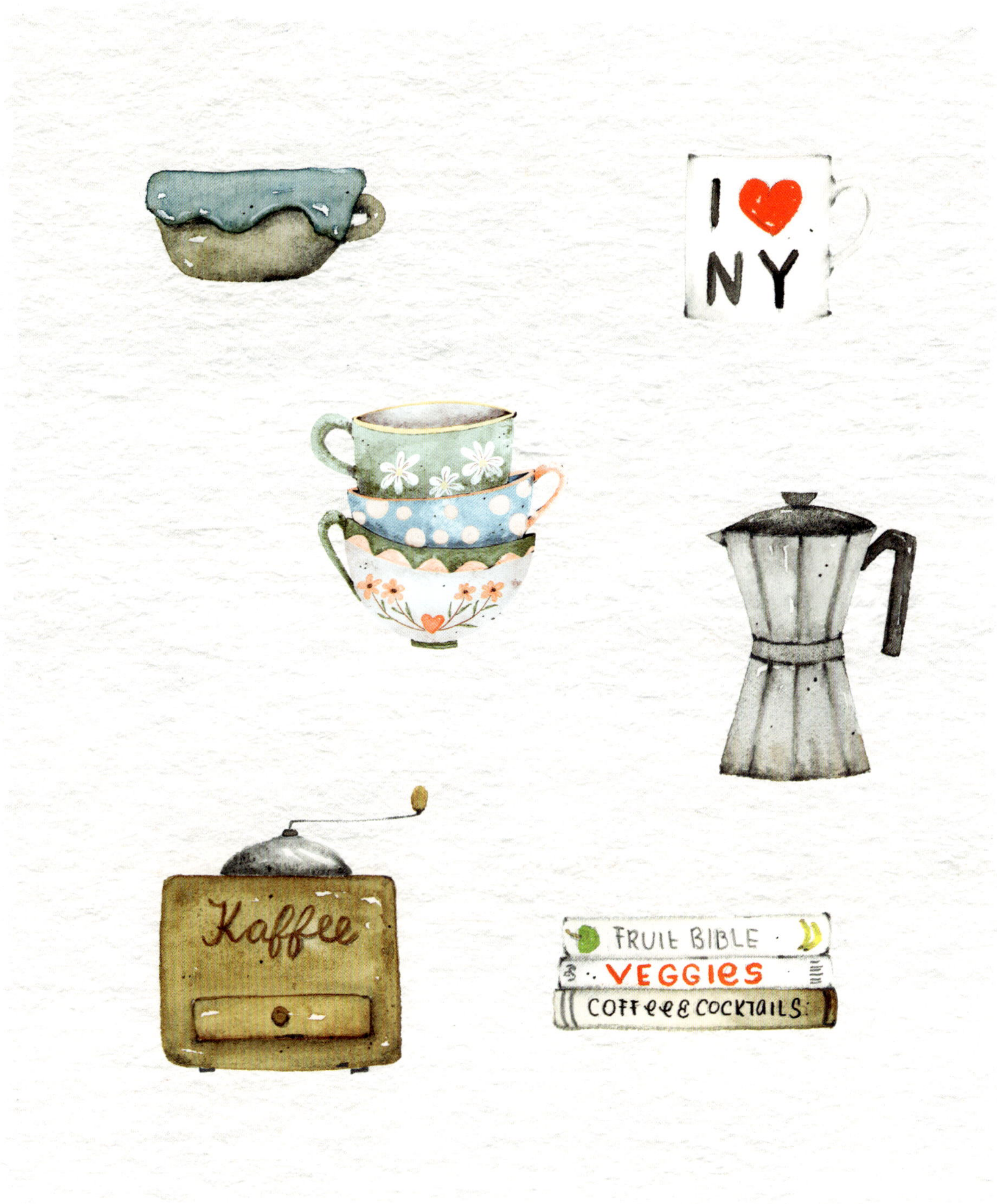

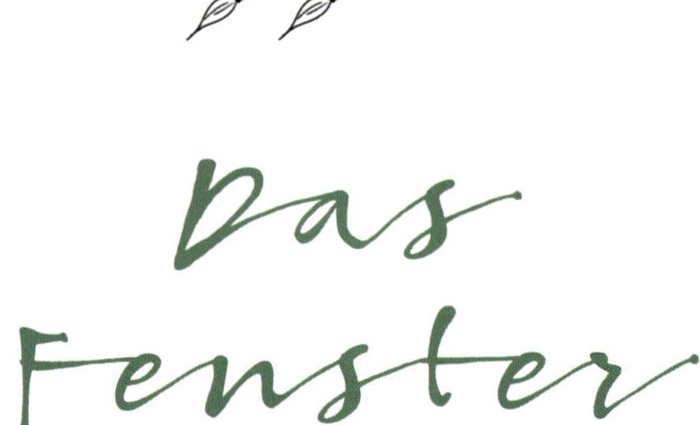

Das Fenster

Ein Fenster öffnet den Blick in die Natur. Die Fensterbank ist liebevoll dekoriert, mit Blumen und kleinen Schätzen. Eine Hommage an die Natur, die das Herz berührt, an jedem Tag und bei jedem Wetter.

Farben

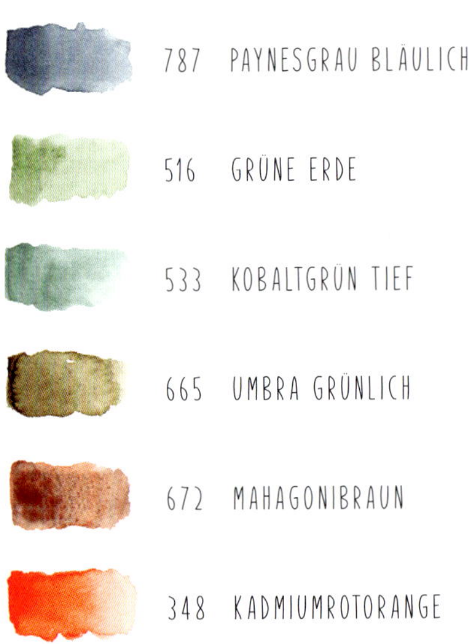

787 PAYNESGRAU BLÄULICH

516 GRÜNE ERDE

533 KOBALTGRÜN TIEF

665 UMBRA GRÜNLICH

672 MAHAGONIBRAUN

348 KADMIUMROTORANGE

Materialien

Papier
- ✓ Hahnemühle Expression

Pinsel
- ✓ 6er-Rundpinsel
- ✓ 2er-Schlepper

Stifte
- ✓ Druckbleistift
- ✓ Papierwischer

Sonstiges
- ✓ Maskingfluid

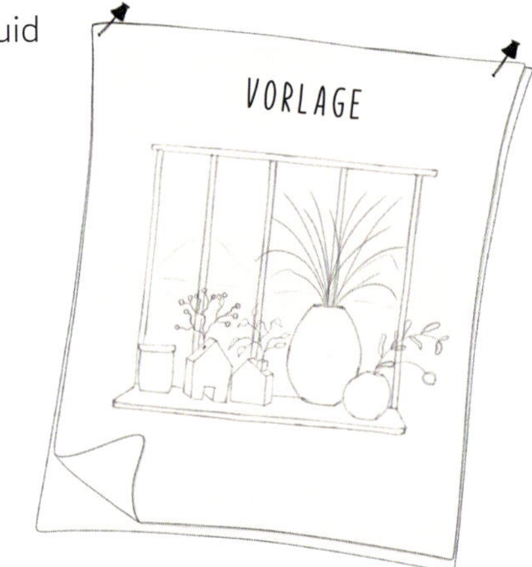

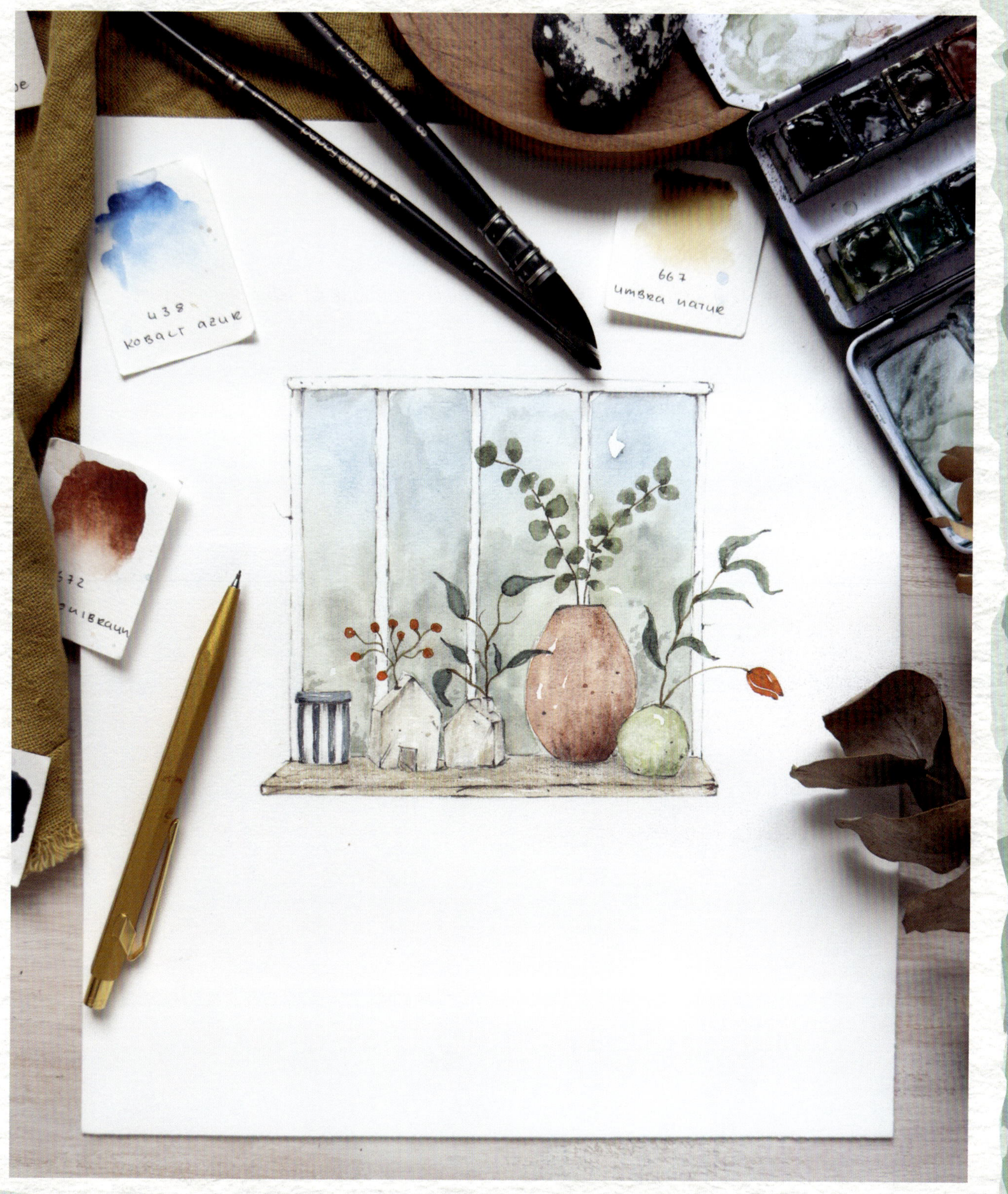
438
kobalt azur
667
umbra natur

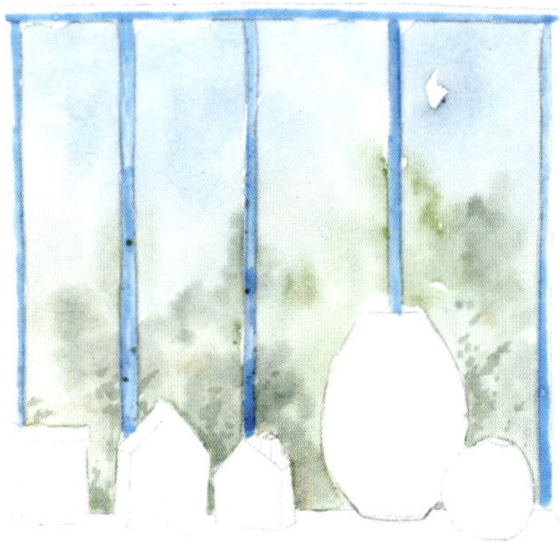

1 Für dieses Bild ist es hilfreich, wenn du dir Maskingfluid, auch genannt Rubbelkrepp, zu Hilfe nimmst. Ich habe hier das Fluid von Schmincke verwendet.

Trage also zunächst das Maskingfluid überall dort auf, wo der Fensterrahmen ist, und lass es gut trocknen.

Male im Anschluss mit der Nass-in-Nass-Technik und dem Verwaschpinsel das Fenster. Dazu nimmst du für den oberen Bereich Kobalt Azur und von unten gibst du nach und nach Umbra grünlich hinzu, um Büsche und Bäume anzudeuten.

Tipp

Zum Auftragen von Maskingfluid eignen sich sogenannte Reißfedern super. Die gibt es in verschiedenen Größen und sie lassen sich danach wieder ganz leicht reinigen.

2 Mit dem Rundpinsel kannst du im nächsten Schritt die Dose auf der linken Seite in Paynesgrau bläulich malen. Danach kommt die große Vase auf der rechten Seite dran. Diese kannst du ebenfalls mit dem Rundpinsel und Mahagonibraun malen. Verwende hier ruhig ein wenig mehr Wasser und gib von unten immer wieder etwas mehr Pigment hinzu.

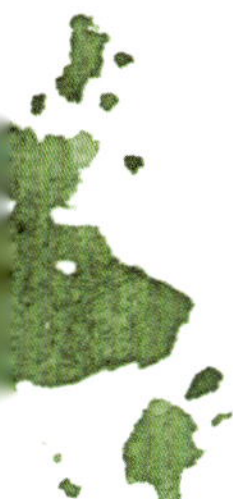

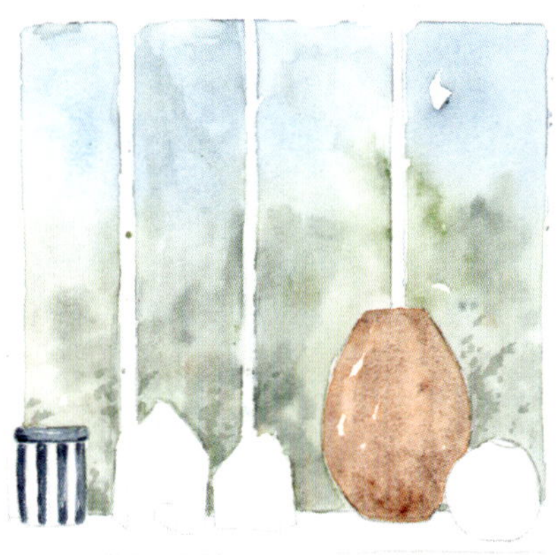

3 Nun mischst du dir sehr verdünntes Umbra grünlich an und malst damit die beiden Steinhäuschen. So wie bei der großen Vase gibst du im unteren Bereich und an den Kanten etwas mehr Pigment hinzu. Im Anschluss malst du nach demselben Prinzip noch die kleine Vase rechts mit Grüne Erde. Nimm für all das ebenfalls den Rundpinsel.

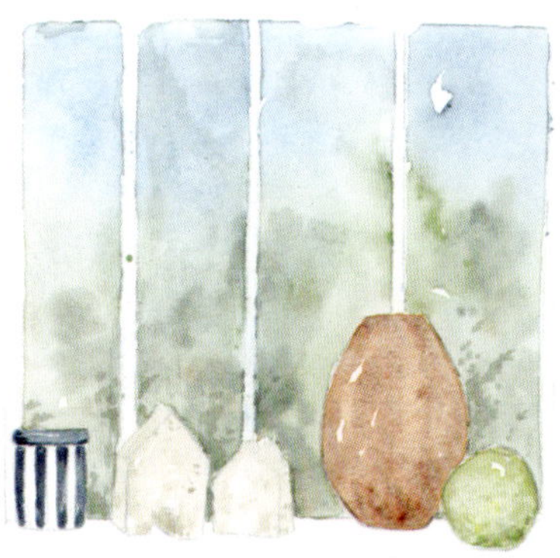

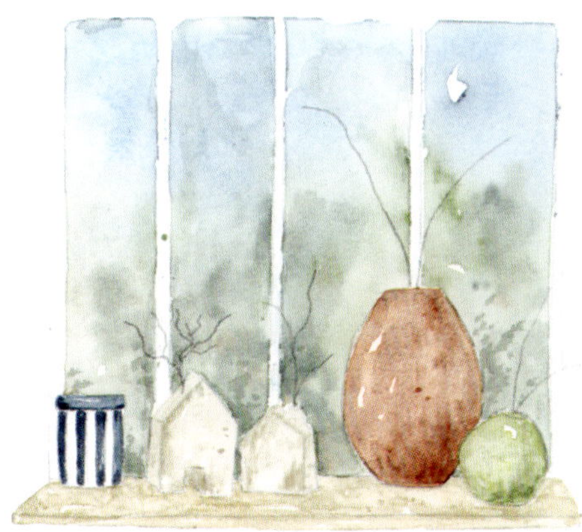

4 Nun nimmst du wieder Umbra grünlich, jetzt allerdings etwas dunkler als zuvor. Male damit die Fensterbank, indem du dich mit leicht schraffierenden Bewegungen voranarbeitest. Achte hierbei darauf, nicht zu nass zu arbeiten. Im Anschluss kannst du an den Ecken und Kanten noch mal mit etwas mehr Pigment nacharbeiten. Während die Farbe trocknet, zeichne dir schon mal mit Bleistift die Stiele deiner Pflanzen vor.

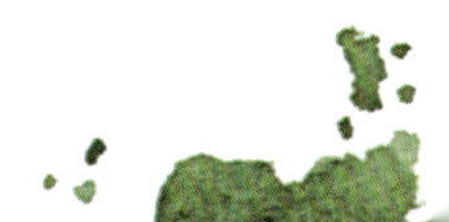

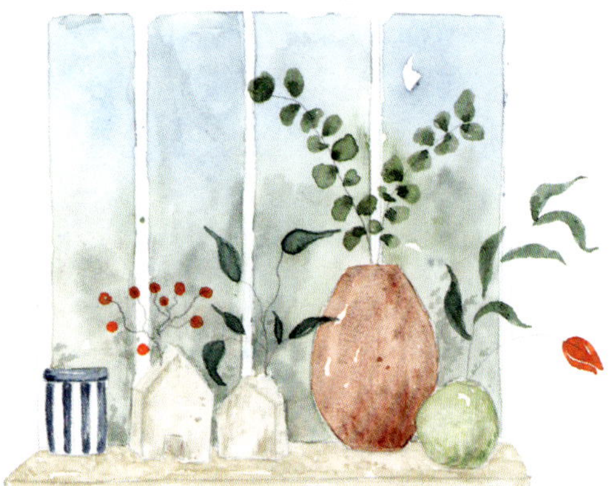

5 Nun kommen die Blüten und Blätter der Pflanzen dran. Dafür machst du dir eine Mischung aus Grüne Erde und Kobaltgrün tief. Male nun die Blätter der Pflanzen in jeweils unterschiedlichen Helligkeiten deiner Farbmischung, zum Beispiel den Eukalyptus eher heller und die anderen Blätter eher dunkler. Die Blüten kannst du mit Kadmiumrotorange als Kontrastpunkte malen.

6 Zuletzt kommen die Bleistiftdetails. Umfahre unregelmäßig die Kanten des Fensters und der Fensterbank. Male überall einige Risse und Punkte, um Struktur anzudeuten. Schatten kannst du zunächst leicht mit dem Bleistift schraffieren und dann mit dem Papierwischer verblenden.

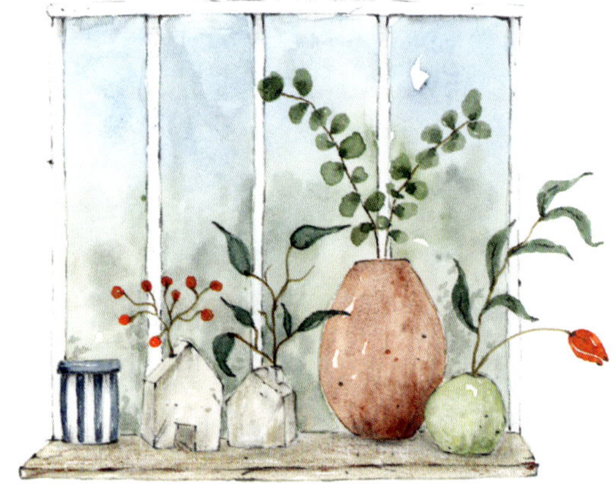

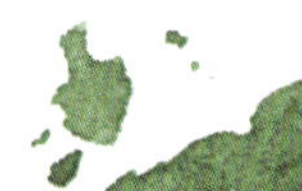

Fensterblick

Nass in nass eignet sich immer gut für verschwommene Hintergründe, jedoch ist es nicht immer so leicht, wie man vielleicht glauben mag. Was ist zu viel Wasser, was zu wenig? Wie viel ist zu viel und wie viel zu wenig Farbe?

HIER EINE KLEINE ÜBUNG FÜR DICH

SCHRITT 1

Benetze das Papier so mit Wasser, dass es im Licht glänzt, es sich aber keine Pfützen gebildet haben.

SCHRITT 2

Gib von oben Blau und von unten Grün hinzu. In der Mitte können beide Farben ineinander verlaufen.

SCHRITT 3

Gehe unten direkt noch mal mit etwas dunklerem Grün hinein, um im Vordergrund schon ein wenig dunkler zu werden.

SCHRITT 4

Warte, bis alles trocken ist.

SCHRITT 5

Sei mutig und gib im Vordergrund noch mal dunkles Grün hinein. Dieses Grün sollte wirklich viel dunkler sein als deine erste Schicht. So deutest du die verschiedenen Ebenen von Vordergrund und Hintergrund an.

Schaue dir dein Bild auch mal von weiter weg an. Du wirst sehen, so wirkt es direkt ganz anders.

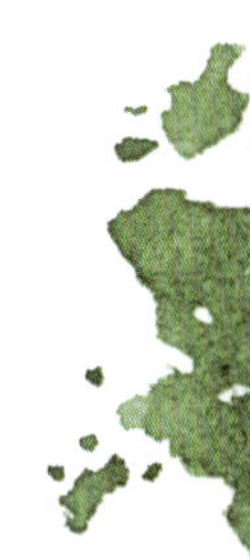

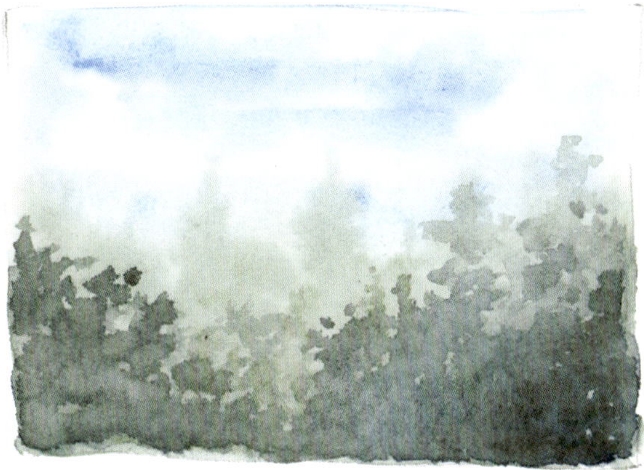

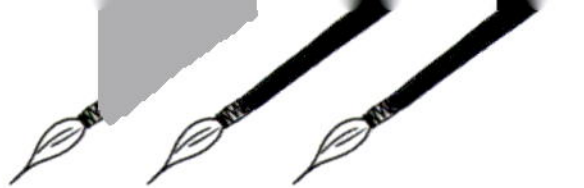

Das Nähzimmer

Ein kleines, gemütliches Nähzimmer, mit allem, was man braucht. Was würdest du hier als Erstes schneidern? Bei den Stoffen kannst du dich entweder an meine Farbvorgaben halten oder du lässt deiner Kreativität freien Lauf und machst sie so bunt, wie dir gerade die Laune danach ist.

Farben

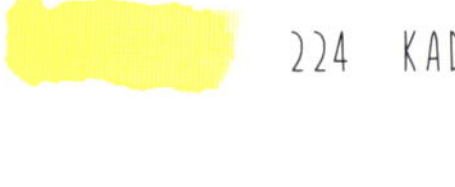 224 KADMIUMGELB

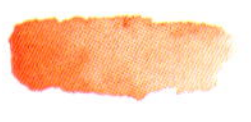 348 KADMIUMROTORANGE

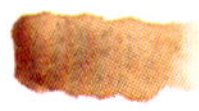 651 KASTANIENBRAUN

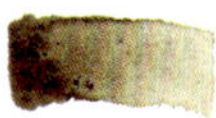 665 UMBRA GRÜNLICH

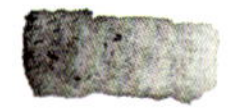 791 EISENOXIDSCHWARZ

Materialien

Papier
- ✓ Hahnemühle Expression

Pinsel
- ✓ 8er-Verwaschpinsel
- ✓ 6er-Rundpinsel
- ✓ 2er-Schlepper

Stifte
- ✓ Druckbleistift
- ✓ olivfarbener und roter Buntstift
- ✓ Papierwischer

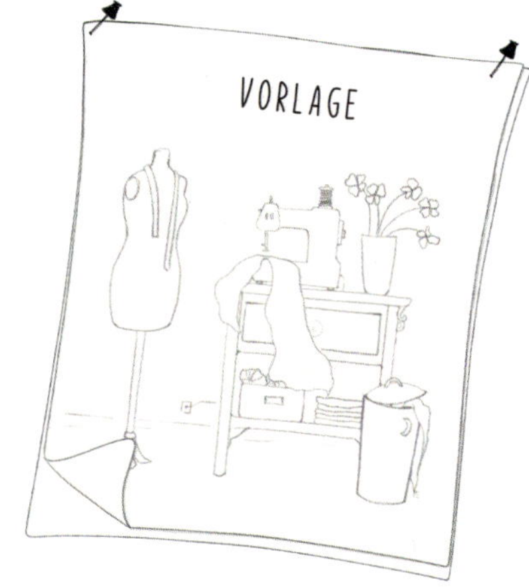

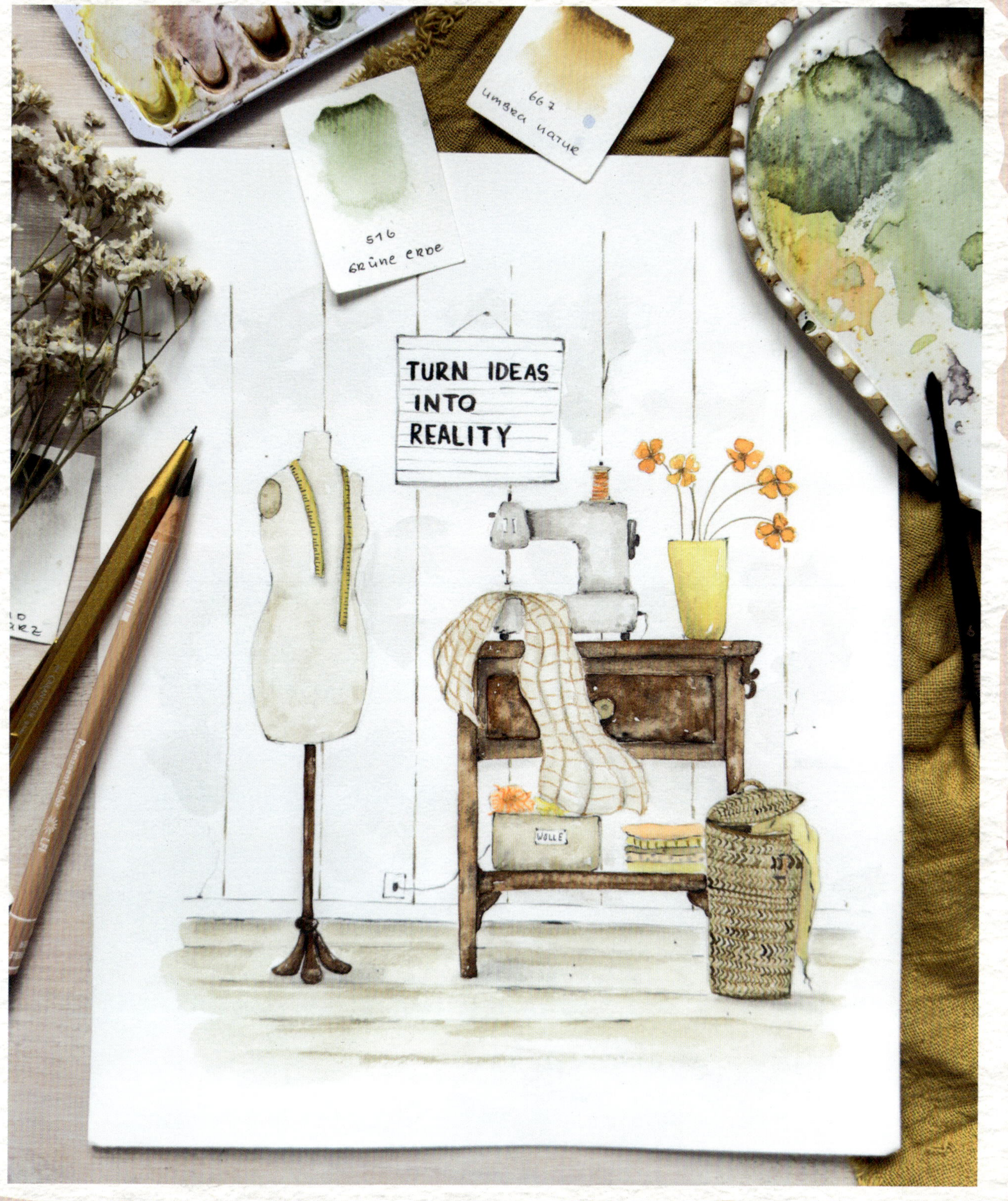
516
grüne erde
667
umbra natur
TURN IDEAS
INTO
REALITY
WOLLE

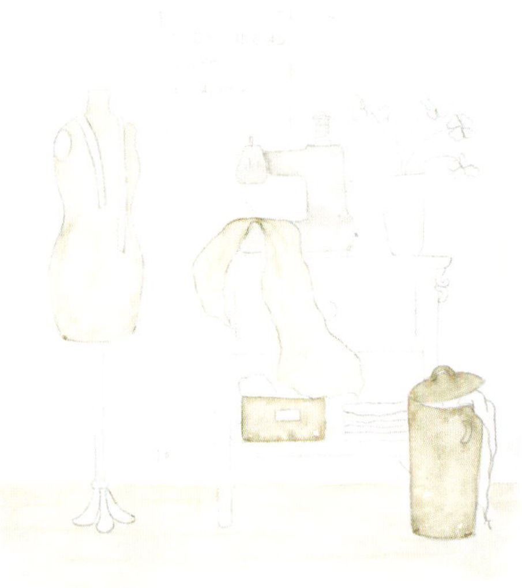

1 Beginne zunächst, die großen Flächen zu grundieren. Mit dem Verwaschpinsel und dünnem Eisenoxidschwarz malst du die Wand, mit hellem Umbra grünlich den Boden, die Puppe und den Stoff. Mit dem Rundpinsel und etwas dunklerem Umbra grünlich folgen dann die beiden Körbe. Warte kurz, bis alles trocken ist, und gib der Nähmaschine mit dem hellen Eisenoxidschwarz direkt ihren ersten Anstrich.

2 Mische dir als Nächstes Kastanienbraun mit ein wenig Eisenoxidschwarz an. Mit der Mischung malst du dann das kleine Schränkchen. Tupfe zwischendurch immer wieder mit einem Tuch etwas Pigment weg, um stellenweise wieder etwas hinzuzugeben. So bekommst du eine interessante Oberfläche. Außerdem solltest du ein Element nach dem anderen malen, um bessere Abgrenzungen zu schaffen. Genauso gehst du auch beim Ständer der Puppe vor.

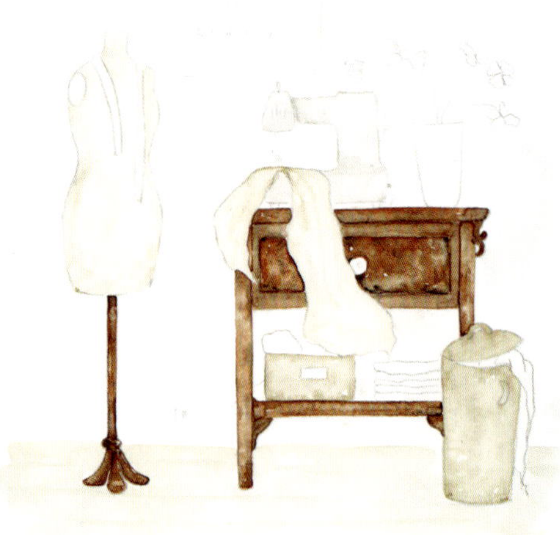

Tipp

Lass vor dem Tupfen das Pigment ein kleines bisschen antrocknen, so nimmst du nicht zu viel weg.

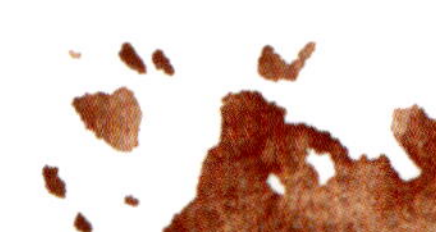

3 Mit einer Mischung aus Kadmiumgelb und etwas Umbra grünlich kannst du das Maßband und die Vase malen. Helle die Farbe ein wenig auf und male noch das Tuch im Korb, zwei der gefalteten Stoffe und eines der Wollknäuel aus. In einer Mischung aus Kadmiumrotorange und Kadmiumgelb kannst du die Blüten, ein weiteres Wollknäuel und zwei Stoffe malen.

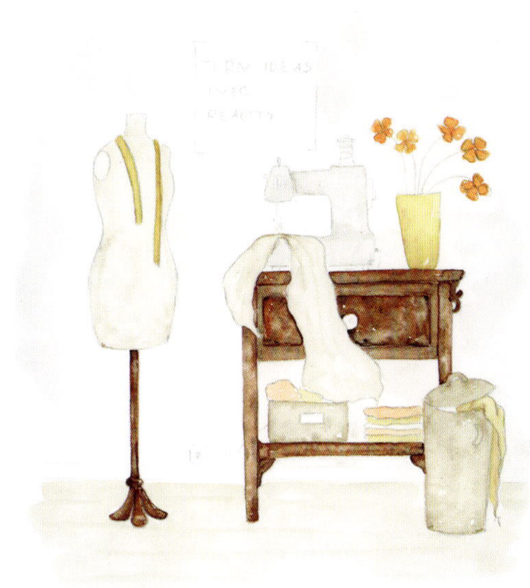

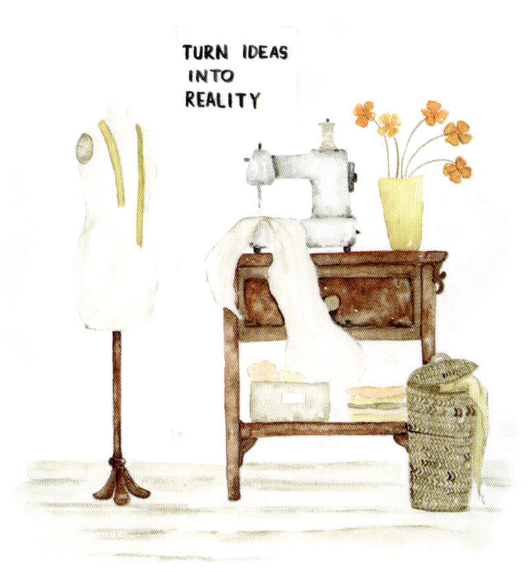

4 Nimm dir nun den Schlepper und male das Muster mit Umbra grünlich auf den Korb und die Stiele der Blumen. Wechsle auf den Rundpinsel, aber bleibe bei derselben Farbe. Damit kannst du das Innere des Korbes und den letzten Stoff malen. Ebenso die Fadenrolle, den „Arm" der Puppe und ein wenig Struktur auf den Boden. Mit Eisenoxidschwarz folgen nun noch die Elemente an der Nähmaschine und schon mal ein wenig Schatten. Zuletzt noch den Spruch auf dem Bild und du kannst deinen Pinsel beiseitelegen.

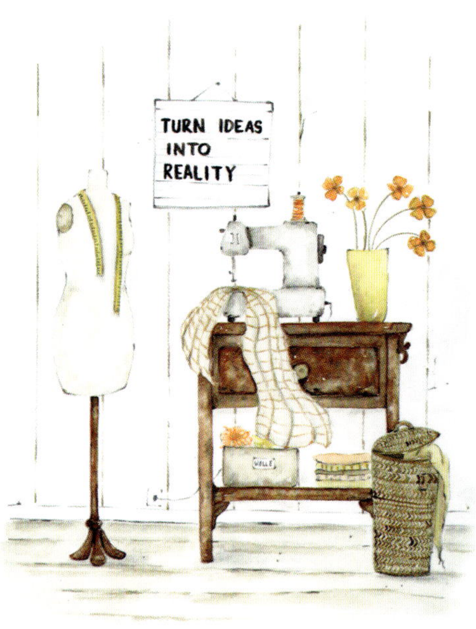

5 Wenn du einen olivenfarbenen Buntstift hast, male damit die Streifen an der Wand und auf den Stoffen. Natürlich kannst du das auch mit Schlepper und Aquarellfarbe machen. Nun kommen Schatten und Struktur mit Bleistift und Papierwischer. Setze Akzente, indem du die Kanten des Bildes nachfährst und ein paar Risse auf die Wand malst. Auch auf dem Boden kannst du stellenweise noch mit deinem Bleistift für Struktur sorgen, indem du einige Linien nachziehst.

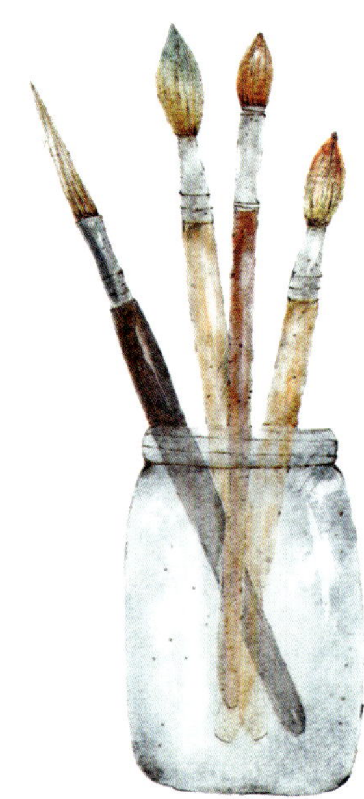

Stoffstruktur

Stoffe darzustellen scheint auf den ersten Blick immer recht schwierig. Worauf es hierbei ankommt, sind die geschwungenen Formen und die Schatten. Überlege dir, was mit einem Handtuch passiert, wenn du es an einen Haken hängst. Wie verändert sich die Form? Wenn du das erst einmal analysiert hast, fällt es dir bestimmt nicht mehr schwer, eine Skizze anzulegen. Wenn du nach der Grundierung dann noch überall Schatten malst und vielleicht sogar auch ein Muster, welches sich der neuen Form anpasst, wirst du sehen, dass dein Ergebnis gar nicht schlecht ist.

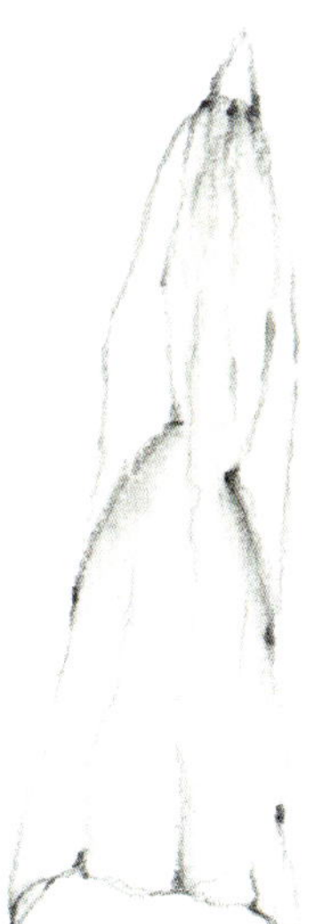

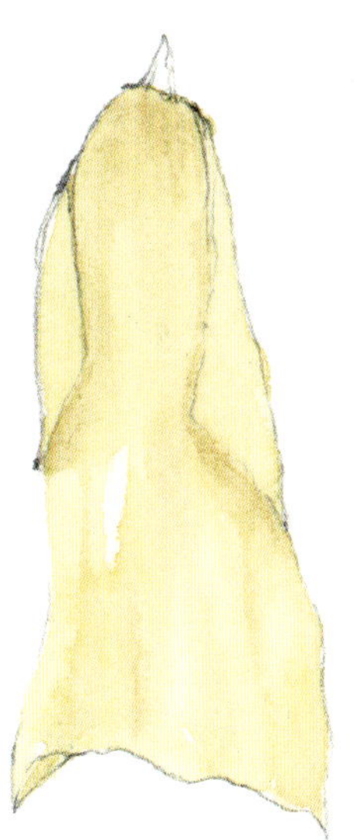

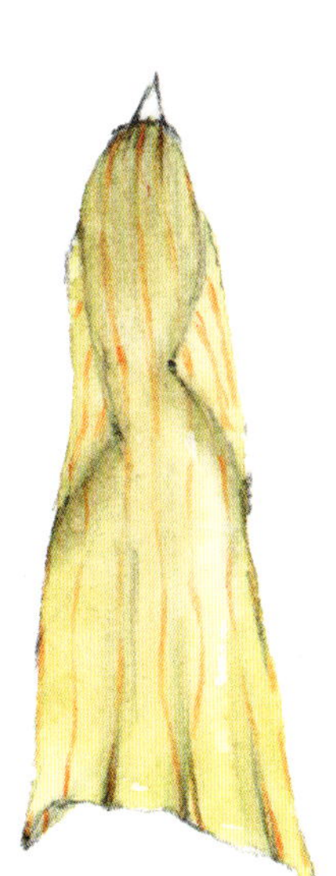

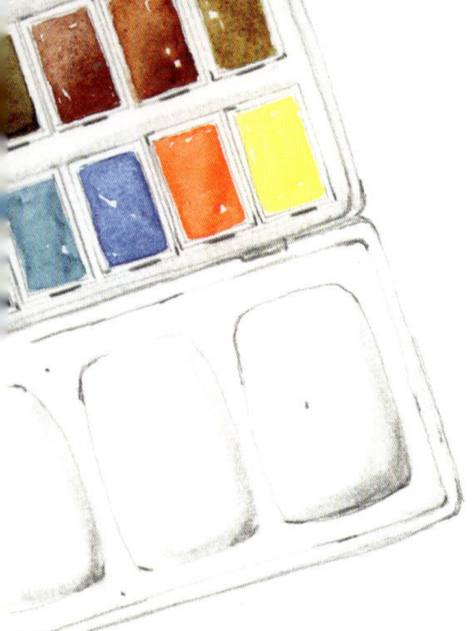

Über die Autorin

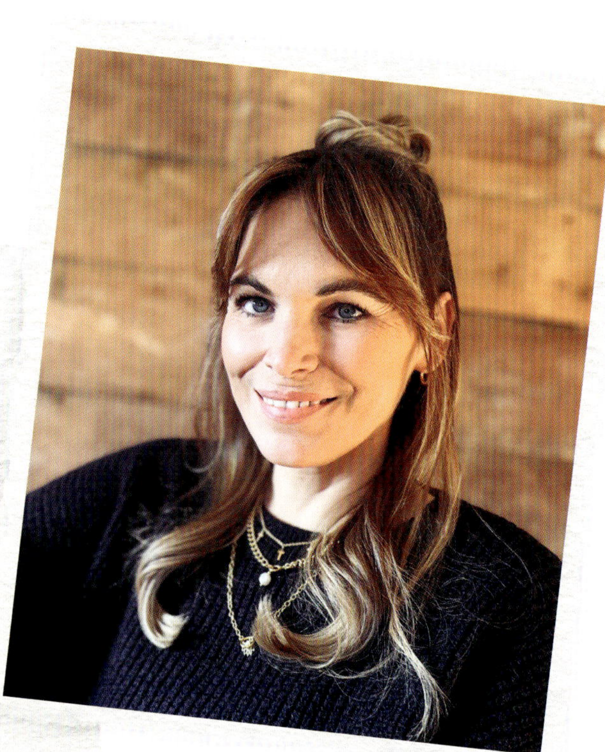

@_paperieur_

Isabella Stollwerk

Ende der 90er-Jahre studierte Isabella Grafik und Kommunikationsdesign. Ein großer Teil dieses Studiums befasste sich mit Malerei und Illustration. Genau in diesen Fächern war sie am schlechtesten und sie mochte sie auch nicht sonderlich. Heute hat sie bereits ihr zweites Buch zum Thema Aquarellillustrationen rausgebracht und gibt zudem noch Workshops, in denen sie Menschen zeigt, wie man mit Pinsel und Farbe umgeht.

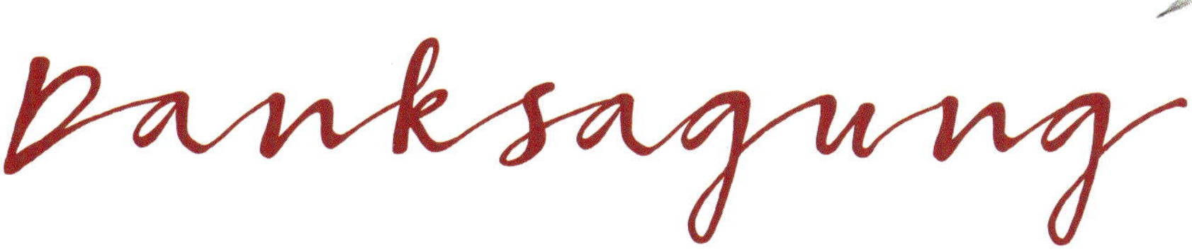

*Der Dank gilt in erster Linie meiner Community,
denn ohne sie gäbe es dieses zweite Büchlein wohl nicht.*

Danke an meine kreative bessere Hälfte Lotta. Zu zweit ist besser als allein.

*Natürlich geht auch dieses Mal ein großes Dankeschön an die Gustavsons.
Dank euch geht mir das Material so schnell nicht mehr aus.*

*Und last but not least tausend Dank an Kum, dafür dass ihr die besten Pinsel
herstellt und mit mir dieses tolle Set rausgebracht habt.*

*Wenn ihr auch so schöne Mischpalletten wie auf meinen Fotos haben wollt,
dann schaut doch mal auf dem Instagram Account @yourlovedceramics vorbei.*

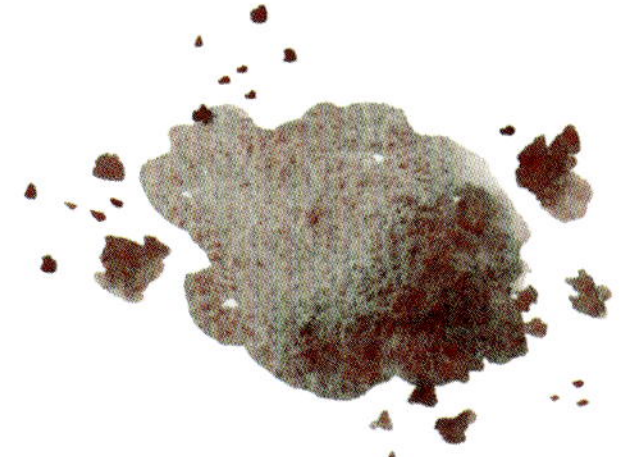

Impressum

Bibliografische Information der Deutschen Bibliothek.

Die Deutsche Bibliothek verzeichnet diese Publikation in der Deutschen Nationalbibliografie.

Detaillierte bibliografische Daten sind im Internet über http://www.dnb.de/ abrufbar.

EIN BUCH DER EDITION MICHAEL FISCHER

1. Auflage 2023

Covergestaltung: Anna Fiedler
Layout & Satz: Anna Fiedler & Janine Kühnle
Redaktion und Lektorat: Anneliese Roth

Bildnachweis:
Alle Bilder und Illustrationen: ©Isabella Stollwerk

Weitere Illustrationen und Schmuckelemente Umschlag & Innenteil:
Pinsel Cover: ©Cat_arch_angel / Shutterstock;
Vase Buchrücken: Anna Fiedler;
Vasen VNS: ©pkfbfss / Shutterstock und Anna Fiedler;
Kleckse: ©nereia / Shutterstock;
Papierstruktur: © Bisams / Shutterstock.

ISBN 978-3-7459-1865-6

Gedruckt bei Polygraf Print, Čapajevova 44,
08001 Prešov, Slowakei

www.emf-verlag.de

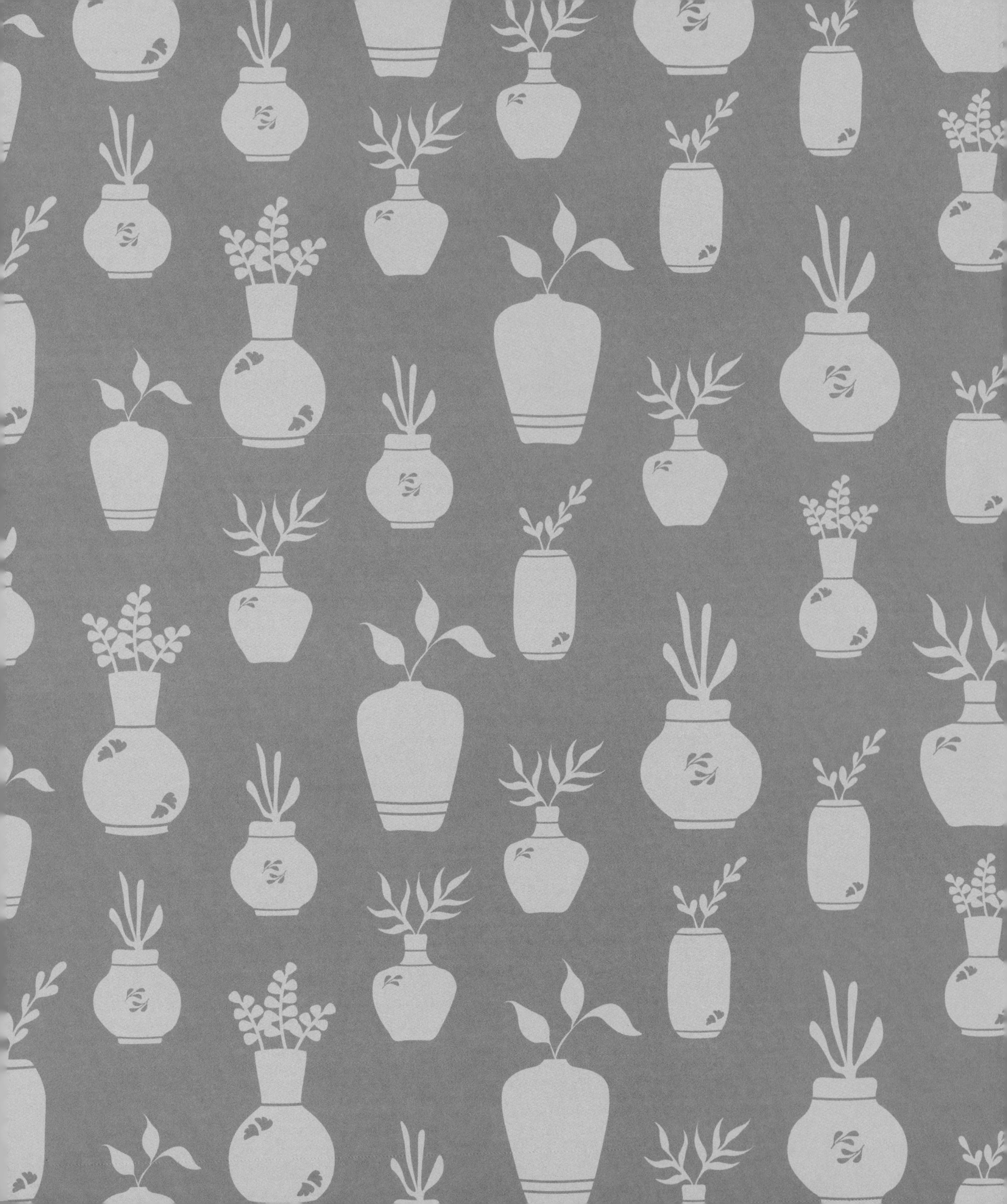